AMRA

Pavlina Klemm

Lichtbotschaften von den Plejaden 2

Wiederanbindung an die kosmische Urkraft

mit zahlreichen Übungen!

AMRA

Eine Originalausgabe im AMRA Verlag
Auf der Reitbahn 8, D-63452 Hanau
Hotline: + 49 (0) 61 81 – 18 93 92
Service: Info@AmraVerlag.de

Herausgeber & Lektor	Michael Nagula
Einbandgestaltung	Guter Punkt
Layout & Satz	Birgit Letsch
Autorenfoto	Melanie Daoud
Druck	CPI books GmbH

Kostenloser Download der Meditation »Reinigung des Herzens«, von Pavlina selbst gesprochen, auf www.Channeling-Kongress.de

ISBN 978-3-95447-289-5 (Buch)
ISBN 978-3-95447-290-1 (eBook)
ISBN 978-3-95447-501-8 (Hörbuch)
ISBN 978-3-95447-331-1 (Übungs-CD)
ISBN 978-3-95447-332-8 (Meditations-CD Reiner Klang)

Außerhalb der Plejadenreihe liegen folgende Titel von Pavlina vor:
Heilsymbole & Zahlenreihen. Arbeitsbuch der Plejadenheilung
Heilsymbole & Zahlenreihen. Set mit 44 Karten und Begleitbuch
Energetischer Schutz & Gesundheit deines Körpers (Virenschutz-CD)
Heile deine Chakren. Reinigung für das Große Erwachen (Doppel-CD)
Die Blume des Lebens. Botschaft der Plejader (CD mit Michael Reimann)
Transformation gemeinsam erleben (Channeling-Kongress-DVD)

Die hier vorgestellten Informationen, Ratschläge und Übungen sind natürlich subjektiv. Sie wurden zwar nach bestem Wissen und Gewissen geprüft, dennoch übernehmen Verfasser und Verlag keinerlei Haftung für Schäden gleich welcher Art, die sich direkt oder indirekt aus dem Gebrauch der Informationen, Tipps, Ratschläge oder Übungen ergeben. Im Zweifelsfall sollte ärztlicher Rat eingeholt werden.

Inhalt

Meinen drei Töchtern Nicole, Pauline und Vanessa.

Meiner Mama, meinem Papa

und meinem Bruder.

Vorwort

Liebe Leserinnen, Leser und Lichtboten!

Nach der Entstehung des ersten Buches hat es nicht lange gedauert, und schon wurden mir immerzu Impulse gegeben, dass neue Botschaften der plejadischen Zivilisation warten und ans Licht der irdischen Welt kommen möchten.

Auch meine Klienten, die zu Heilsitzungen kommen, wurden durch die plejadische Zivilisation oft besucht und energetisch gestärkt. Bereits bei den Heilsitzungen habe ich Informationen darüber erhalten, welche Heiltechniken ich momentan verwenden darf und wie man sich am besten vor den vielen Gefahren der Welt schützen kann.

Alle Informationen habe ich regelmäßig aufgeschrieben – ohne zu ahnen, dass jegliche Techniken, die mir mitgeteilt worden waren, mir auch für dieses Buch bis ins kleinste Detail noch einmal beschrieben und in zusammenhängender Reihenfolge diktiert werden sollten!

Das zeigt mir, dass meine kosmischen, freundschaftlichen Kontakte mit den Plejadern sich vertieft haben und immer mehr vertiefen. Gleichzeitig gab es mir Gelegenheit, ein ums andere Mal über die Intelligenz der Plejader zu staunen, die sich auch im Inhalt des neuen Buches widerspiegelt.

Schon vor der Niederschrift wurde mir mitgeteilt, dass es diesmal vor allem um Heiltechniken gehen wird, um die Anbindung der DNA-Stränge und um die Christusenergie. All diese Informationen sind sinnvoll durchdacht und logisch in die Zusammenhänge der jeweils vorangegangenen Kapitel eingebunden, einige knüpfen auch an die Texte aus dem ersten Buch an. Dadurch können wir unsere Welt aus unterschiedlichen Perspektiven sehen.

Zwei Dinge haben mich bei meiner Tätigkeit als Medium enorm unterstützt. Zum einen habe ich durch die wunderbaren Briefe, die ihr Leser mir geschrieben habt, große Kraft und Motivation erfahren, dieses zweite Buch zu schreiben. Dafür danke ich euch sehr!

Zum anderen haben die Botschaften der Plejader eine wunderschöne und neue Welle der Liebe, Selbsterkenntnis und Hoffnung bei mir hervorgerufen. Und nicht nur bei mir. Der Hoffnung, dass unsere Situation, die wir auf dem Planeten Erde gerade durchleben, sehr wohl gelöst werden kann. Licht und Liebe werden alle menschlichen Herzen durchdringen und Harmonie und Frieden sich auf unserem schönen Planeten verbreiten.

Dabei müssen wir bekanntlich bei uns selbst anfangen. Jeder bei sich selbst. Und so habe ich, wie die Plejader uns ja fortwährend auffordern, angefangen, nur noch positiv zu denken und alle negativen Gedanken zu vertreiben. Im Laufe der Zeit sind bei mir auch immer weniger negative Gedanken aufgetaucht, sie hatten keine Kraft, sich bei mir zu halten, und so hat meine kleine Welt angefangen, sich zu erhellen – dabei habe ich jeden Tag mehr und mehr Unterstützung von der Lichtwelt erhalten.

Wie die Plejader uns mitteilen: Licht zieht Licht an. Dunkelheit zieht Dunkelheit an.

Ich bin einen weiten Weg gegangen, damit ich euch heute sagen kann, dass alles, was ich bisher in meine seelische Entwicklung und meine Selbsterkenntnis investiert habe, tausendfach zu mir zurückgekommen ist. Und ich habe gelernt, die Geschenke anzunehmen, die uns durch die Lichtwelt überreicht werden.

Eines dieser Geschenke ist das vorliegende Buch. Ein Buch, das erneut Horizonte eröffnet und uns Einblicke in die Geheimnisse der universellen Gesetze gewährt.

Wir brauchen solche Informationen, denn die heutige Zeit ist kompliziert und energetisch anspruchsvoll. Außerdem sind wir umgeben von negativen Einflüssen. So sehr, dass vielen meiner Freunde und nahestehenden Personen unsere Situation unübersichtlich und hoffnungslos erscheint. Aber in der Tiefe meiner Seele bin ich voller Hoffnung: Ich weiß, dass wir nicht verloren sind und dass wir aus diesem »Schlamassel« wieder herauskommen.

Die Botschaften im vorliegenden Buch haben meine Gedanken und Hoffnungen bestätigt. Wir haben wieder eine »Anleitung« in die Hände bekommen, wie wir uns in dieser Zeit helfen können – und falls wir das wollen, wie wir die Situation *positiv* verändern können.

Manche Kapitel sind mir enorm schnell und mit spielerischer Leichtigkeit diktiert worden, andere waren durch ihre Dichte und Grundsätzlichkeit schwerer zu empfangen. Meistens habe ich gleich zu Beginn des Kapitels gespürt, um welches Thema es sich handeln und wer es diktieren wird. Bereits vor dem Schreiben wurden mir Bilder und Visualisierungen gezeigt, damit es für mich einfacher war, das jeweilige Thema zu verstehen und niederzuschreiben. Oft wurden mir schon im Laufe des Tages Informationen gegeben, um welches Thema es sich handeln wird, und wenn ich mich dann zum Schreiben hinsetzte, wurde mir auch augenblicklich der Titel des Kapitels diktiert.

Jedes einzelne Kapitel ist – genau wie im ersten Buch – mit positiver Energie aufgeladen und direkt auf die Frequenz des Lesers »abgestimmt«. Viele Leser haben mir bestätigt, dass das erste Buch tatsächlich wie ein Heilinstrument funktioniert. Dadurch, dass sie es beim Lesen in der Hand hielten oder es in der Nähe lag, sind häufig Heilprozesse eingetreten. Schmerzen verschwanden, und die Seele hatte die Möglichkeit, ihr Bewusstsein zu erhöhen oder ebenso zu heilen wie die körperliche Hülle.

Auch die Themen des zweiten Buches haben mir Mitglieder meiner kosmischen Familie oder des Kosmischen Rates diktiert. Jedes Mitglied ist für bestimmte »irdische Belange« zuständig. Deshalb haben sie uns wieder so viele verschiedene Themen, Informationen und Ratschläge gegeben, die uns beim irdischen Leben helfen können.

Und wieder bezieht sich ein Teil der Informationen sehr aktuell auf die Zeit, in der wir uns befinden. Schließlich hat unsere irdische Gesellschaft gerade erst angefangen zu erwachen, und es wird noch einige Zeit nötig sein, sie zu begleiten.

Alles, was auf unserer Erde geschieht, beeinflusst sich gegenseitig, und dank dieser Texte haben wir die Möglichkeit, die großen Zusammenhänge zu verstehen. Falls wir es wollen, können wir dadurch jetzt auch die unterschiedlichste Angelegenheiten richtigstellen und heilen.

Dieses Buch habe ich zum größten Teil in den Alpen geschrieben. Dort ist die Natur noch rein und unberührt. Meine Anbindung an die Plejader ist dort direkt und in stetem Fluss. Wir mussten uns nicht mit Elektrosmog plagen. Das Negative anderer Bewohner dieses Planeten hat mich nicht belastet, und so konnte ich ungestört empfangen. Oft habe ich in der Nähe meines Schreibhefts blaue Lichter oder Lichtfunken gesehen. Die Anwesenheit und das Wissen der Plejader waren mehr als schön und immer von Liebe erfüllt.

Ha! Beim Schreiben eben dieser Zeilen hat sich ein Schmetterling auf meine Hand gesetzt. Er saß dort lange Zeit und hatte offenbar gar nicht mehr vor, sich von dieser schönen kosmischen Energie zu trennen, die beim Schreiben durch mich hindurchgeht.

So heilsam, magisch und von größter Liebe erfüllt ist die Gegenwart der kosmischen Energie. Ich wünsche euch, liebe Leser, dass ihr beim Lesen auch so viel Liebe, Licht und Verständnis erlebt, wie ich es beim Schreiben erleben durfte. Erfreut euch am Verständnis aller Zusammenhänge und am Verständnis der Unendlichkeit, Schönheit und absoluten Vollkommenheit des Universums, in dem wir gemeinsam leben.

Wir haben das Geschenk des Lebens erhalten. Das Geschenk des Lebens in diesem menschlichen Körper und die Aufgabe, sich selbst und anderen zu helfen. Die Aufgabe, Liebe zu empfangen und an andere Bewohner unseres Planeten weiterzugeben.

Bleibt in ständigem Kontakt mit der Lichtwelt und lasst euer Leben übersichtlicher werden.

Ich wünsche euch viel Erfolg und Glück auf dem Weg durch das irdische Leben.

Mit Liebe im Herzen
Eure

Pavlina

Dieses Buch enthält verschiedene Übungen. Du hast die Möglichkeit, sie zum Beispiel auf deinem Handy aufzunehmen und danach ungestört mit ihnen zu arbeiten. Du hast auch die Möglichkeit, sie dir von einer anderen Person vorlesen zu lassen. Aber schon beim bloßen Lesen der Übungen kommt es zur Transformation und zu Heilungsvorgängen. Falls du die Gelegenheit hast, arbeite in der Gruppe mit diesen Übungen. Dadurch erhöhen sich eure Frequenzen, und du hast noch größere Kraft, deiner Umgebung und unserem Planeten zu helfen.

Ich danke dir dafür!

Einleitung

Liebe menschliche Zivilisation,
liebe galaktische und kosmische Familie!

Ihr alle, jeder Einzelne von euch, gehört zur kosmischen Familie, die wiederum zu den galaktischen Gemeinschaften und zum gesamten kosmischen Geschehen gehört.

Ihr alle, jeder Einzelne von euch!

Eure menschliche Gesellschaft entwickelt sich unablässig, sie formt sich ständig und beginnt, immer neue Gemeinschaften zu erschaffen, die im Einklang mit den universellen kosmischen Gesetzen handeln. Eure Gesellschaft, eure *menschliche* Gesellschaft, ist um einige Grade geistiger und bewusstseinsmäßiger Entwicklung aufgestiegen.

Seit der Wendezeit 2012 schreitet ihr mit riesigen Schritten voran. Diese Schritte sind für viele schwierig und kompliziert. Viele von euch bleiben unterwegs stehen und finden nicht den Mut, sich zu sammeln und aufzustehen und in ihrem Handeln fortzufahren. Für viele von euch ist dieser Weg steinig und voller Hindernisse – mühsam und eine echte Plage.

Aber nur so könnt ihr wachsen und euch an dem erfreuen, was ihr in eurem irdischen Leben bereits überwunden habt und was euch schon gelungen ist zu transformieren.

Das Wort »Transformation« taucht in eurem Wortschatz immer häufiger auf. Viele von euch verstehen diesen Begriff allerdings nicht und können sich nicht so recht vorstellen, was er eigentlich bedeutet.

Andere von euch verstehen dieses Wort wiederum sehr gut und bemühen sich, in ihrem System so viele Belastungen wie möglich zu transformieren – in Licht umzuwandeln.

Es sind Belastungen, seien sie psychischen oder karmischen Ursprungs, die euch ganze Jahrtausende lang auf dem Planeten Erde begleitet haben, und weder allein noch mithilfe anderer wart ihr in der Lage, sie zu entfernen.

Nach dem Jahr 2012, als euer Planet Erde mit euch in die fünfte Bewusstseinsdimension aufgestiegen ist, wurden Transformationen wesentlich leichter durchführbar.

Euer Körper, eure Seele und euer gesamtes energetisches System kann die Belastungen nicht länger ertragen. Es will sie, egal auf welche Weise, abschütteln und sich nicht mehr durch sie behindern lassen, sie einfach nicht mehr mit sich schleppen.

Früher war es euch nicht möglich, diese Belastungen abzuschütteln, und so habt ihr sie – wie Zügel, an denen ihr gehalten wurdet – von Inkarnation zu Inkarnation mit euch getragen. Ganze Jahrtausende lang wart ihr durch diese Zügel gebunden.

Jetzt, in der Zeit, die ihr gerade durchlebt, habt ihr viel mehr Möglichkeiten und eine viel größere persönliche Macht, um all eure Systeme zu reinigen. Eure körperlichen und persönlichen ebenso wie eure gesellschaftlichen.

Ihr habt die Möglichkeit, wenn ihr es denn wollt!

Weise Menschen, die das Bewusstsein der kosmischen Gesetze in sich tragen, zweifeln nicht an diesen Worten. Sie reinigen sich und geben ihre Zügel und Belastungen, die sie in sich getragen haben, an das Licht ab.

Weise Menschen zweifeln nicht an diesen Worten und Taten, auch wenn ihnen der Transformationsprozess oft schwere Lebenszeiten bereitet.

Sie wissen aber, dass sie durch den Transformationsprozess ihre Seele und ihre Essenz reinigen. Mit einer reinen Essenz stimmen sie ihr Herz, ihr größtes und stärkstes menschliches Energieinstrument, auf die Frequenz der kosmischen Gesetze ein – und dadurch wird der Übergang in weitere Bewusstseinsebenen einfacher und kann schneller erfolgen.

Euer Ziel ist es, eure Seele von allen Negativitäten, gleich welcher Art, zu reinigen. Dieser Transformationsprozess führt euch in einen Zustand, in dem eure Essenz strahlen und mit der kosmischen Kraft schwingen wird. Euer Herz wird fähig sein, sich zu 100 Prozent mit der kosmischen Kraft eurer heimatlichen Galaxis zu verbinden und dadurch mit der Kraft des gesamten Universums!

Die Worte, die ihr hier lest, tragen unendlich viel Kraft und Liebe in sich, eine bedingungslose Liebe, mit der ihr verbunden sein und absolut verschmelzen werdet. *Absolut.*

Dadurch wird euer körperliches, geistiges und seelisches System ganz und gar liebevoll, glücklich und ohne jegliche Belastungen sein. Es wird für euch keine Hindernisse mehr geben. Es wird euch nichts mehr von eurer persönlichen Erleuchtung abhalten.

Eure Erleuchtung bedeutet nichts anderes als ein zu 100 Prozent von der Frequenz des Egos gereinigtes Herz. Und euer Ego ist nichts anderes als die Summe der angehäuften Belastungen aus vergangenen Inkarnationen und den Belastungen anderer menschlicher Kollegen, die euch beeinflusst haben oder noch immer beeinflussen.

Diese Belastungen sind im Grunde *nicht* eure Belastungen. Es sind die Belastungen anderer. Ihr tragt lediglich Teile belastender Elemente anderer menschlicher Individuen in euch.

Gebt sie ab und gelangt zu eurer persönlichen Erleuchtung! Es genügt, alles zu transformieren – ans Licht abzugeben. Dann werden eure Essenz und euer Herz rein sein, ohne das Ego, und sie werden zur absoluten Anbindung an die kosmischen Gesetze und an die bedingungslose Liebe des Universums fähig sein.

Wir, die plejadische Gemeinschaft und ihre Vertreter, wollen euch in diesem Prozess unterstützen. Ihr könnt unsere Hilfe annehmen und mit uns den lichtvollen und reinen Weg gehen.

Wir haben diese Entwicklung selbst genommen und sind den Weg voller Steine und Hindernisse gegangen. Aber unsere ganze Gemeinschaft wollte den Weg gehen und am Ende zur Erleuchtung gelangen – *zur Erleuchtung unserer gesamten Systeme.*

∞

Bei unseren Kontakten mit Pavlina geben wir viele Informationen und Übungen weiter, die durch ihre Hilfe in eurer menschlichen Sprache niedergeschrieben werden. So erhaltet ihr Informationen über die Anbindung an unsere lichtvolle Gemeinschaft, Informationen über die Reinigung des Egos und grundlegende Informationen über die dunklen Mächte, die eure Gesellschaft stark beeinflussen und euch nicht in Ruhe lassen und auf alle möglichen Arten versuchen, eure Erleuchtung und euer persönliches Wachstum sowie euren Fortschritt in weitere Bewusstseinsebenen zu verhindern und einzuschränken.

Sie ist eine von uns, eine Lichtbotin, auf den Planeten Erde herabgekommen und durch alle reinigenden, oftmals schmerzlichen persönlichen Prozesse gegangen, damit sie euch diese Informationen übergeben und euch über die kosmischen Gesetze und ihren Einfluss auf eure Gesellschaft aufklären kann. *Wir übergeben ihr Lichtimpulse, die sie in eure menschliche Sprache »übersetzt«, sodass euch die Möglichkeit gegeben wird, unsere Informationen und Anleitungen zu nutzen.*

In den einzelnen Kapiteln des Buches wird euch genauer erklärt, wie euch die dunklen Mächte beeinflussen und geradezu ausbremsen. Es wird euch erklärt, was sich dagegen tun lässt und wie ihr am Leichtesten den Weg eurer besten Entwicklung beschreitet.

Weise Menschen werden unsere Informationen und Ratschläge gerne annehmen und anderen menschlichen Individuen sicher ein Beispiel sein. Wir werden euch auf diesem Weg lichtvoll und transformierend unterstützen.

Beim Lesen dieses Buches werdet ihr automatisch, genau wie schon beim ersten Buch, an uns und an die Lichtfrequenz und die Frequenz eurer Galaxis angebunden.

Eurer märchenhaft schönen Galaxis!

In ihr gibt es Millionen anderer Planetensysteme und eine riesige Anzahl weiterer Gemeinschaften, die Erleuchtung erlangt haben und euch gerade in dieser Zeit auf unterschiedlichste Art und Weise helfen.

Sie *wollen* euch helfen und euch die Kraft und Schönheit, die ihr in der Zeit von Atlantis erlebt habt, zurückbringen.

Viele von euch fangen an, sich wieder an diese paradiesische Zeit zu erinnern, und viele von euch wollen die reine Frequenz und Essenz eurer Seele wiederherstellen.

Und so geht es nicht nur um die Reinigung eurer Systeme und die Anbindung an die Gesetze des Universums, sondern auch um das Wiedererinnern an diese Zeit und die Möglichkeit der *freien Bewegung* in Raum und Zeit!

Wir unterstützen euch auf diesem Weg.

Viele eurer menschlichen Kollegen erinnern sich wieder, und in der Tiefe ihrer Seele ahnen sie, was sich auf dem Planeten Erde momentan abspielt.

∞

Wenn wir sagen, es geht um die Reinigung eurer Systeme, dann meinen wir damit nicht nur eure Reinigung von Körper, Geist und Seele, sondern ebenso die Reinigung eurer irdischen Gesellschaft.

Es geht auch darum, euch von den »höheren Gesetzmäßigkeiten« zu reinigen, die nicht lichtvoll und wahr sind, sondern euch negativ beeinflussen und manipulieren.

Sie selbst, die dunklen Mächte, nennen sich »höhere Gesetze«.

Diese dunklen Mächte werden sich auf eurem Planeten nicht halten können. Dunkle Mächte hassen das Licht, reine Seelen und eine reine Essenz. Sie verabscheuen sie geradezu, denn sie werden dadurch genauso »transformiert« – und das wollen sie nicht.

Dunkle Mächte, wie sie sich selbst nennen, manipulieren eure Gesellschaft schon seit Jahrtausenden. Es sind dies Zivilisationen, die sich ebenfalls in eurer Heimatgalaxis befinden, und es ist notwendig, sie am Zugang zu eurem Planeten zu hindern. Das könnt ihr mit eurem Licht und der Frequenz eurer ganzen lichtvollen Wesenheit erreichen.

Je *mehr* ihr seid, desto weniger Kraft und Einfluss werden diese barbarischen und parasitären Völker auf eure menschliche Gesellschaft haben.

Alle Systeme eurer Gesellschaft sind betroffen! Der politische, monetäre und pharmazeutische Bereich sind besonders stark von dieser parasitären Energie erfasst, und die negative finanzielle Energie hat im wahrsten Sinne des Wortes eure ganze Welt verseucht. Alles dreht sich nur um Finanzen und deren Einfluss auf euch. Auf jeden von euch!

Die momentane Situation auf eurem Planeten sieht nicht gerade rosig aus, aber sie ist auch nicht hoffnungslos verloren. Ihr befindet euch im Umbruch und seid dabei, die dunklen Mächte zu transformieren und ihnen den Weg von eurem Planeten zu weisen.

Unsere Gemeinschaft des Plejadengestirns ist ganze Jahrtausende lang durch diese dunklen Mächte beeinflusst worden. Wir haben es geschafft, ihnen standzuhalten, und durch unsere reine Seele und lichtvolle Kraft ist es uns letztlich sogar gelungen, uns von ihnen freizumachen. Auf allen Ebenen sowie in allen Dimensionen und Zeiträumen.

Wir wollen euch helfen – *und deshalb sind wir hier!*

Mit unserer Hilfe gelingt es euch schneller, die dunklen Mächte zu transformieren.

Eure gesamte wirtschaftliche und politische Situation hat sich unerbittlich auf dramatische Weise entwickelt. Ihr könnt die weitere Entwicklung in diese Richtung verhindern und eure Kraft zeigen. Jeder von euch!

Jedes gereinigte und leuchtende Individuum hat die Kraft und die Möglichkeit, sein Licht zu verbreiten und den richtigen Weg aufzuzeigen.

Wir werden lichtvoll mit euch zusammenarbeiten und bieten euch eine ganze Anzahl von Möglichkeiten an, wie ihr euer persönliches Licht und eure Frequenz noch verstärken und unter euren menschlichen Kollegen verbreiten könnt.

Wir wünschen euch viel Erfolg und viel Freude und Liebe beim Lesen und Wiedererinnern eures Wissens und der kosmischen Gesetzmäßigkeiten.

Jeder von euch trägt diese Kraft in sich. Jeder von euch ist der Schlüssel zu einer reinen Zukunft!

Frieden mit dir!
Frieden mit uns!

1

Das kosmische Wissen und seine Gesetzmäßigkeiten

Eure Gesellschaft wird bedauerlicherweise schon seit Jahrtausenden manipuliert. Dunkle Mächte, barbarische Zivilisationen, haben sich über euren ganzen Planeten verteilt.

Erst haben sie das auf gewaltfreie und unauffällige Art und Weise getan. Sie fingen an, sich in menschliche Körper zu inkarnieren, und eure damals reine Gemeinschaft hat das gar nicht bemerkt. Es kam zu unermesslich viel Verrat und Niederträchtigkeit gegen den lichtvollen Kosmischen Rat. Der Lichtrat war von Anfang an grundsätzlich *gegen* diese gewaltsamen Inkarnationen dunkler Seelen in menschliche Körper.

Eure körperliche Hülle hatte ursprünglich genetisch eine andere, stärkere und ausdauerndere Grundlage. Sie war auf mehrere 100 Jahre programmiert. Ihr glaubt es vielleicht kaum, aber die Organe und die Zellen waren viel widerstandsfähiger und zur absoluten Regeneration fähig.

Die dunklen Mächte haben manipuliert, was nur ging: Teile der Seele, die genetische menschliche Ausstattung und eure menschlichen DNA-Stränge. Es ist schon sehr viel darüber geschrieben worden, und viele menschliche Individuen haben bereits versucht und versuchen noch immer, sich von dieser genetischen »Vergewaltigung« zu reinigen.

Eure bloß zwei DNA-Stränge sind nicht in der Lage, sich rein und absolut auf die kosmischen Gesetze und kosmischen Schwingungen einzustellen. Eure Körper verfallen und leiden, und es ist ihnen nicht möglich, sich in vollem Umfang *lichtvoll* zu ernähren.

Viele von euch, die in Kontakt mit uns stehen, haben schon ein beträchtliches Maß an Negativität abgeworfen. Sie arbeiten telepathisch mit uns, und es ist ihnen gelungen, einige weitere menschliche DNA-Stränge zu aktivieren.

Körper und Organe sind zur Regeneration fähig, und so ist ihr Körper widerstandsfähiger geworden. Seele und Herz sind dadurch ein besserer Empfänger für unsere Informationen und für die Frequenz eurer reinen Galaxis geworden.

Solche Individuen sind fähig, sich seelisch in Raumzeiten zu bewegen. Dadurch sind sie in der Lage, eine noch größere Menge an karmischen Angelegenheiten zu reinigen. Das macht es ihnen möglich, die Zeiträume der Inkarnationen, die sie durchlebt haben, abzuschließen, sodass sie nicht mehr durch die Vergangenheit beeinflusst werden.

Wie sich das erreichen lässt? Nun, viele von euch stellen sich den Inkarnationsprozess auf einer Zeitlinie oder geraden Strecke vor, die zusammenhängend und parallel zu eurem jetzigen Leben verläuft. So ist euer Gehirn in der Lage, sich all das zu erklären und es aufzunehmen. Die Wahrheit sieht aber ganz anders aus.

Inkarnationen verlaufen nicht in einer geraden Linie, eine *nach* der anderen. Eure Inkarnationen sind zeitlich und dimensional miteinander verschränkt. Eine *mit* der anderen. Und das in verschiedenen Zeit- und Zwischenräumen. Diese Zwischenräume sind überall, ganz dicht um euch herum. Es sind Informationsfelder, die ihr in eurem energetischen

System mit euch tragt. Die klare Abfolge eurer Inkarnationen ist nur Illusion.

Alles ist in eurem System abgelegt, alles hat seine Ordnung, und so ist es grundsätzlich möglich, mit diesen energetischen Zusammenhängen zu arbeiten.

Aber die dunklen Mächte haben euch mehr beeinflusst, als ihr denkt. Eure Vorstellungen und Gedanken sind sehr oft gar nicht *eure* Vorstellungen und Gedanken. Sie wurden euch eingegeben und in euer System eingeprägt, damit ihr blockiert seid und euch bewusstseinsmäßig nicht weiterentwickeln könnt.

All die gedanklichen Informationsfelder, die sich um euren gesamten Planeten herum befinden, sind künstlich geschaffene Systeme, an die ihr euch ständig anbindet. Es genügt *ein* dunkel schwingender Gedanke, egal welcher Sinnrichtung, und schon seid ihr an dieses Feld angebunden.

Das ist das Ziel und destruktive Programm der dunklen Mächte, damit ihr euch niemals von diesem negativen Denken und diesen Gedankenmustern befreit!

Ganze Gedankenprogramme, die unablässig in den Äther gesendet werden, werden wieder und wieder energetisch aufgeladen, ohne Unterbrechung, sodass sich das menschliche Individuum nicht davon losreißen kann. Die dunklen Mächte wollen nicht, dass ihr selbstständig denkt und handelt. Das würde nicht in das destruktive Programm passen, das nur ein Ziel kennt – aus den menschlichen Individuen fleißige Schäfchen zu machen, die für die fälschlich so genannten »höheren Gesetze« arbeiten, Steuern abgeben und ihre Körper regelmäßig durch ärztliche Fürsorge »behandeln« lassen, die an die pharmazeutischen Felder finanzieller Belastungen angebunden ist.

Wir benennen es, aber das soll euch nicht erschrecken. Es soll euch nur vor Augen führen, dass Macht, Angst und Panik bewusst gewählte Mittel sind, die immerfort auf destruktive Art und Weise genährt und aktiviert werden.

Der menschliche Körper mit seinen zwei DNA-Strängen ist für die dunklen Mächte ein bloßes Arbeitswerkzeug, ein Arbeitswerkzeug zur Erlangung finanzieller Gewinne. Am Ende werden diese »Werkzeuge«, also eure Körper, auf drastische Art und Weise mit pharmazeutischen, chemischen Mitteln »behandelt«, die nicht nur die genannten finanziellen Belastungen mit sich bringen, sondern die Körper auch noch bei lebendigem Leib töten.

Menschliche Seelen haben in solchen Körpern keine Zeit, sich mit der eigenen Bewusstseinsentwicklung zu beschäftigen, geschweige denn dieses System zu durchschauen. Die Seelen und kranken menschlichen Körper sind zu sehr mit ihren Problemen und Schmerzen unterschiedlichster Art beschäftigt. Solche Einzelwesen *über*-leben auf diesem Planeten bloß und dienen im Grunde genommen den »höheren Gesetzen«.

Jeder von euch ist aber ein selbstständiges Individuum und eine selbstständige Zelle eurer menschlichen Gesellschaft. Jeder Einzelne von euch hat, genau wie eine einzelne Zelle, die Möglichkeit, für sich selbst zu entscheiden und sich zu heilen. Eine solche Zelle hat die Möglichkeit, wenn sie es denn möchte, sich mit der kosmischen Liebe zu verbinden, die Grenzen der gedanklichen dunklen Wolken zu überschreiten, die sich um euren Planeten herum verbreiten, und sich an die universellen kosmischen Gesetze und das Wissen anzubinden.

Dazu ist es notwendig, sich all diese Zusammenhänge bewusst zu machen und anzufangen, noch mehr an sich zu arbeiten und sich zu befreien.

Wir wollen euch helfen – *deshalb sind wir hier!*

Lernt zunächst, euch wieder daran zu erinnern, wie es sich anfühlte, als eure Essenz absolut rein und unbeeinflusst durch dunkle Mächte war. Ihr bekommt dadurch die Möglichkeit und Kraft, eure ganzen Systeme zu reinigen und euch an die kosmischen Gesetze anzubinden.

Mit diesem ersten Schritt des sich Erinnerns beginnt ihr euren abenteuerlichen Weg zur höheren Erkenntnis und Vervollständigung eurer Seele.

Erinnere dich an die Zeit, als du dich im Raum der Ewigkeit befunden hast. Im Raum der Liebe und der unendlichen Möglichkeiten.

Übung

Verlangsame deine Atmung und lass uns wirken. Mit deiner reinen Absicht, dich an deine reine Essenz zu erinnern, erhältst du soeben Impulse, die deine Seele und deinen Geist ganz leicht dahinschweben lassen, und die gedanklichen dunklen Wolken, die sich um dich herum befinden, werden weggeschoben. Du befindest dich nur in deinem Raum und in deiner Zeit.

Wir reinigen deine Wirbelsäule und dein Herz. Wir durchleuchten alle deine Zellen. Wir durchleuchten deinen Körper und dein ganzes energetisches System.

Du nimmst deinen Raum und deine Zeit wahr. JETZT. Dein Herz verbindet sich mit deinem Höheren Ich, das der ständige Träger und Wächter deiner reinsten Essenz ist. Es verbindet sich absolut und gezielt.

Es lässt deinen Geist und deine Seele diese magische Verbindung mit dem Raum der bedingungslosen Liebe und der Dimensionen nie endender Möglichkeiten wahrnehmen.

Von hier bist du gekommen, und das ist dein wahres Zuhause.

In den höheren Bewusstseinsebenen wirst du dieses Gefühl sehr oft erleben. Dorthin zieht es die Seele, und das ist ihr Wunsch: die Anbindung an die kosmische Kraft und Liebe.

JETZT hast du die Möglichkeit, dich an diese Zeit zu erinnern.

Erinnere dich an dieses Gefühl, dass du in deiner Entwicklung stagnierst, und an die Ganzheit, die du immer dann erlebst, wenn du an dir arbeitest.

Zu deinem Schutz und für ein leichteres Wirken auf deinem irdischen Weg haben wir um deinen Körper herum eine energetische vierseitige Pyramide errichtet. Ja, sie schützt dein System! Durch die Spitze dieser Pyramide werden ständig Impulse des kosmischen Wissens zu dir hereingelassen – und gleichzeitig eine heilende und transformierende Energie, die deinen Transformationsprozess beschleunigt.

Erschaffe in Gedanken vor deiner Brust das Symbol für Unendlichkeit zur Bestätigung dieses Prozesses und des unendlichen Informationsflusses und der Impulse des kosmischen Wissens.

Die liegende Acht ist ein in sich gedrehter Kreis und Symbol für Ganzheit und Vollkommenheit.

Unsere Gemeinschaft besteht aus Meistern der Visualisierung und Meistern der geometrischen Formen und Prozesse. Dabei arbeiten wir mit geometrischen Formen, die bei Transformations- oder Schutzprozessen besonders hilfreich sind. Visualisierung wird zur Realität, und die heilige Geometrie, die in jedem Eck und Teil des Universums vorkommt, nimmt so an Kraft zu. Das ganze Universum ist eine einzige große mathematische und geometrische Verbindung. Und das können wir mit Dankbarkeit nutzen.

Unsere Kraft liegt im absolut gereinigten Herzen und darin, dass wir auf diese Weise die kosmischen Gesetze für uns verfügbar machen können.

Wir danken dir dafür, dass du hier bist und diese Zeilen liest. Wir danken dir dafür, dass du dich an deine reine Essenz erinnerst und zusammen mit uns durch den Transformationsprozess deiner persönlichen Erleuchtung gehen möchtest.

Frieden mit dir!
Frieden mit uns!

2

Erleuchtung

Was stellt ihr euch unter dem Begriff »Erleuchtung« eigentlich vor? Eure Evolutionsschritte, eure psychische Ausgeglichenheit, eure reine Seele und reine Essenz …

So viele von euch sehnen sich nach Erleuchtung, doch viele von euch fragen sich auch, was »Erleuchtung« überhaupt bedeutet. Was auf dem Planeten Erde euer Ziel ist und wonach ihr eigentlich strebt.

Für euch und eure menschliche Vorstellungskraft steht der Begriff »Erleuchtung« für etwas Heiliges, Überdimensionales und Flüchtiges. Ihr habt die Vorstellung, dass es nicht möglich ist, Erleuchtung im menschlichen Leben und im menschlichen Körper zu erlangen. Ihr habt das Gefühl, dass nur die größten geistigen Meister oder Eremiten, die sich mit nichts anderem als Meditation beschäftigen, erleuchtet sein können!

Schon das bloße Wort »Erleuchtung« ruft bei den meisten Bedenken hervor, und ihr habt vielleicht das Gefühl, dass ihr, eure Person, dieses heilige Ziel nicht erreichen könnt.

Erleuchtung der Seele, Erleuchtung des Herzens, Erleuchtung eurer ganzen Persönlichkeit … Durch Erleuchtung kommt ihr in die Frequenz der göttlichen universellen Intelligenz und Energie. Durch Erleuchtung gelangt ihr auf eine

Ebene mit dieser Energie und deren Lichtfrequenz. Es wird kein Hindernis und keine Trennung mehr zwischen euch und der göttlichen Intelligenz geben.

Euer Herz sollte so klar und so sehr von menschlichen Negativitäten und den Eigenschaften des Egos gereinigt werden, dass es in der Lage ist, reinste Energie zu geben und reinste Energie zu empfangen. Euer Herz wird sich durch seine Reinheit mehr und mehr der göttlichen Energie annähern.

Hinter dem Begriff und der ganzen Bedeutung von Erleuchtung verbirgt sich ein sehr einfaches Prinzip. Es geht um das Aufgeben des Egos und die Maxime, mit reinem Herzen zu handeln. Nur diejenigen von euch, die das schaffen, können nach dem Austreten aus dem physischen Körper in der Dimension der Ewigkeit bleiben und müssen nicht wieder auf den Planeten Erde herabkommen und sich reinigen. Dadurch wäre eure Aufgabe erfüllt, eure Ära auf dem Planeten Erde vollendet, und die Evolutionsschritte eurer Seele hätten ein Ende gefunden. Es wäre dann nicht mehr notwendig, auf den Planeten Erde zu kommen und Unannehmlichkeiten und karmische Angelegenheiten, die ihr verarbeiten müsst, auf euch zu nehmen. Mit reinem Herzen und eurem gereinigten Ego kommt ihr ans Ziel. Ans Ziel – *und zur Erleuchtung.*

Die erleuchteten Menschen, die sich momentan auf dem Planeten Erde befinden, kann man aus unserer Perspektive sehr leicht erkennen. Es sind wirklich und wahrhaftig Menschen, die »leuchten«. Das Licht, das sie in und um sich herum tragen, ist unbeschreiblich schön und strahlend.

Wir haben zusammen mit dem Kosmischen Rat versucht, die Seelen der Menschen, die sich inkarnieren wollten, dazu zu bringen, in bestimmte Gebiete eures Planeten zu kommen. Auf diese Weise würde die Anzahl und das Licht dieser Menschen proportional der Anzahl der Bewohner entsprechen. Sie wären also dort, wo die meisten erleuchteten Menschen gebraucht werden. Sie sind auch dahin abgestiegen, wo sich auf dem Planeten gerade Energiezentren und energetische Linien der Erde befinden. Wir haben versucht, zusammen mit diesen Seelen einen möglichst guten Plan und den jeweils möglichst besten Platz auf der Erde auszutüfteln. Mithilfe der Erleuchteten verbreitet sich das Licht auf eurer Erdkugel jetzt leichter. Wenn sich diese Menschen in den Energiezentren der Erdkugel befinden, vervielfacht sich ihre Kraft, und es ist möglich, Licht mit viel größerer Geschwindigkeit zu übertragen. Ihr Licht reinigt weitere menschliche Individuen und gibt weiteren menschlichen Herzen Impulse und hilft ihnen bei ihrer Reinigung.

Viele menschliche Seelen haben sich in dieser Zeit zur Inkarnation entschieden. Es ist eine sehr vorteilhafte Zeit für das endgültige Aufgeben des Egos und die endgültige Erfüllung von Aufgaben.

∞

Die Frequenz eurer Erdkugel hat sich im Dezember des Wendejahrs auf 21 Hertz erhöht. Damit schwingt auch ihr Menschen und eure menschliche Materie in dieser Frequenz. Für viele von euch war der Übergang gewagt, oftmals beschwerlich, und vielleicht »kämpft« ihr damit noch heute. Glaubt aber daran, dass durch das Abgeben der Beschwerlichkeiten und karmischen Angelegenheiten eure körperliche Materie entlastet und leicht und problemlos schwingen wird. Durch die Reinigung eures Egos und der karmischen Angelegenheiten – und folglich durch die Erleuchtung – kommt es zur vollkommenen Heilung eurer körperlichen Hülle.

Falls euer Körper immer noch an bestimmten Beschwerden, Schmerzen oder Krankheiten leidet, könnt ihr euch sicher sein, dass es bisher noch nicht zur Erleuchtung gekommen ist.

Eure Seele und euer Körper sollten in einem absoluten Gleichgewicht sein. Ein kranker Körper weist auf bestimmte Mängel und Unausgeglichenheiten der Seele hin. Vielleicht auch auf bestimmte karmische Angelegenheiten, die euch belasten und von denen ihr keine Ahnung habt. Sie zeigen sich in Momenten, in denen euch etwas scheinbar nicht gelingt oder sich gewisse belastende Lebenssituationen wiederholen.

Ein kranker Körper ist der beste Indikator dafür, dass sich um euren Körper herum energetische Felder bewegen, die euch beschweren und an die ihr euch, meistens unbewusst, anbindet. Es sind energetische Verbindungen, die sich ständig in eurer Nähe bewegen. Sie sind Bestandteil eurer Aura. Diese karmischen und anderen negativen Belastungen sind für euer Auge praktisch nicht sichtbar. Für euer menschliches Auge und eure vom Gehirn gesteuerte Wahrnehmung ist es sehr schwer, sie auszumachen.

Um euch eine Vorstellung davon zu geben, erklären wir euch aber jetzt, wie diese Verbindungen aussehen und was sie alles beeinflussen.

Die im Laufe eurer aktuellen irdischen Inkarnation angehäuften negativen Verbindungen bewegen sich meistens im Bereich eures Herzens. Im Bereich des Rückens und des Genicks befinden sich karmische Energieverbindungen, die ihr mit euch herumschleppt und immer noch weiter anzieht, die ihr bisher nicht verarbeitet und auch nicht ans Licht abgegeben habt. Über eurem Kopf schweben sehr oft Verbindungen, die mit der Verwandtschaft zu tun haben – mit familiären und jeglichen Verwandtschaftsdingen. Im Bereich der Hüfte tragt ihr die Angelegenheiten eurer jetzigen Eltern, im Bereich der Knie das unverarbeitete Ego. In der Region der Füße – unverarbeitete Themen des physischen Lebens, was sehr oft sexuelle Unerfülltheit bedeutet. Hinter euren Nieren bewegen sich dunkle Wolken einer schlechten schwingungsmäßigen Anbindung an euren Partner. Negativitäten im Bereich des Solarplexus deuten auf eine ungenügende Anbindung an euer Höheres Ich hin und somit auf Undurchlässigkeit und eine schwerfällige Anbindung dieses Chakras an eure Seele.

Dunkle Energiefelder und ein Druck hinter eurem linken Schulterblatt bedeuten einen ständigen Angriff auf euch und dass die dunklen Mächte eure Person und Seele manipulieren. Es ist ein Angriff auf eure Gesamtentwicklung – ein *ständiger* Angriff, um euer Ich zu zerstören.

Diese dunklen Stellen in eurer Aura, egal welcher Größe, stellen für euch ein gewaltiges Problem dar. Eure Herzen können noch so schön und rein schwingen, wenn sich in eurer Aura energetischer »Müll« befindet, wird sich dieser immerzu an euren physischen Körper und an eure Seele heften und anbinden.

Diese dunklen Stellen in der Aura oder in eurem Körper, die ihr in euch oder um euch herum tragt, haben einen tieferen Sinn, der negativ und oft einfach unglaublich ist. Sie verbinden euer Wesen nämlich mit Dimensionen, die euch bisher nicht erschlossen waren. Es sind Dimensionen, Räume und Zeiten, von denen eure Seele im menschlichen Körper mit seinem menschlichen Gehirn keine Ahnung hatte. Alles Mögliche verbinden diese Stellen untereinander, ihr sammelt es an und zieht Angelegenheiten auf euch, die für euch eine Belastung und häufig mit anderen menschlichen Schicksalen und Personen verknüpft sind. Allein könnt ihr euch nur schwer von diesen Anhängseln befreien.

Wahrscheinlich ist es vielen von euch bereits gelungen, Herz und Ego zu reinigen, aber unterbewusst ahnt ihr, dass es unabgeschlossen ist, ihr habt das Gefühl, dass für die vollkommene Reinigung noch etwas fehlt, und sei es ein winziges Detail.

Es ist notwendig, die dunklen Stellen, die sich in eurer Aura befinden, zu verschließen. Für eure Vorstellung: Diese dunklen Stellen sind EINGÄNGE zu anderen Dimensionen und Zeiten, sowohl vergangene als auch zukünftige. Sie *belasten* euch. Über sie bindet ihr euch ständig an negative Muster, Situationen und Impulse an.

Ihr müsst sie verschließen. Und das ein für alle mal!

Die dunklen Mächte und dunklen Einzelwesen haben an der ganzheitlichen Heilung eures Körpers und eurer Seele kein Interesse. Im Gegenteil. Mit dem bemitleidenswerten Zustand eures Körpers seid ihr nur ein weiterer »Kunde« und eine ewige Beute für sie. Sorgt dafür, dass ihr euch aus dieser Abhängigkeit befreit und die Eingänge zu den dunklen Dimensionen und Welten verschließt.

Mit unserer Hilfe gelingt euch das.

DESHALB SIND WIR HIER.

Wir versichern euch, ihr erfahrt in diesem irdischen Leben Erleuchtung, und ihr lernt, mit eigenen Gedanken, Meinungen und Emotionen zu leben.

Wenn ihr diese Pforten zu anderen, oftmals fremden Dimensionen schließt, werden die dunklen Mächte keine Macht mehr über euch haben – so erzielt ihr eure persönliche Erleuchtung. Eure geistige Entwicklung wird viel schneller vonstatten gehen als in vergangenen Zeiten, und eure Seele wird absolut glücklich und strahlend sein.

Lernt, zusammen mit uns eure Einstiege zu fremden Dimensionen zu schließen, und lasst eure Seele wieder um einige Stufen glücklicher, strahlender und vollkommener sein.

∞

Eure Aufgabe besteht zunächst darin, euch vorzustellen, wie diese Löcher eigentlich aussehen. Es sind negative Verbindungen von dunkler, unangenehmer Farbe. Diese Verbindungen sind beweglich. Sie sind destruktive Energien, die sich linksherum drehen, wie eine Spirale. Je nach Schweregrad drehen sich diese Spiralen in eurer Aura unterschiedlich schnell. Größere Geschwindigkeit bedeutet größere destruktive und zerstörerische Energie, und so verbinden sich die Löcher schneller mit den anderen Systemen eurer karmischen oder irdischen Angelegenheiten. Es ist wichtig, sich dies deutlich vorzustellen, damit ihr euch der Kraft dieser Eingänge zu anderen Dimensionen bewusst werdet. Macht euch klar, dass es nicht möglich ist, ein beschauliches Leben zu führen, und dass eine Reinigung nicht möglich ist, wenn ihr diese Eingänge nicht *verschließt*.

Diese Spiralen streuen durch ihre Drehbewegung immerzu Negativitäten in eurem System, und eure Organe und Körperteile oder eure Seele verbinden sich damit.

Eure Zellen hören dann in den betreffenden Körperteilen auf zu strahlen – und sterben letztlich ab. Eure Organe sind dadurch nicht mehr zur Regeneration fähig, und es beginnen sich physische Krankheiten zu entwickeln. Auch eine einfache Erkältung ist schon ein Zeichen für die linksdrehende destruktive Energie. Würde sie sich nicht in eurem System befinden, käme es nicht zur Schwächung des Organismus und damit zur »Erkältung«.

Übung

Verbinde dich jetzt gedanklich mit deinem Herzen. Dein Herz sendet dir Liebe und Weisheit. Auch Dankbarkeit dafür, dass ihm geholfen wird.

Nun verbinde dich über dein Herz bewusst mit deinem Höheren Ich, das in der Dimension der Ewigkeit angesiedelt ist. Dein Höheres Ich ist mit der gesamten

Lichtwelt verbunden, mit deinen Lichtführern ebenso wie mit deiner kosmischen Familie, von der du ursprünglich stammst. Deine kosmische Familie ist mit dem Kosmischen Rat verbunden, der dir in dieser Zeit und in dieser Inkarnation helfen und dich von Belastungen und Negativitäten befreien will. In dieser Inkarnation, auf dem Planeten Erde, WIRD dir auch geholfen. Bei deinem Herabkommen auf den Planeten hattest du die Absicht, dich absolut zu reinigen und dein Ziel zu erreichen. Dein Ziel und die Erleuchtung.

Mit dem Schließen der destruktiven Löcher wird dir Schritt für Schritt geholfen. Du wirst in den Evolutionsschritten deiner Seele immer weiter nach vorne hin zu deinem Ziel geschoben.

Lass uns jetzt wirken. Der ganze Prozess wird etwa 20 Minuten dauern. Entspanne dich ganz in Ruhe. Zuerst geben wir dir die Seelenanteile wieder, die du in verschiedenen Inkarnationen oder Situationen verloren hast. Oft sind es Hunderte oder Tausende. Lass uns wirken.

Danach gibst auch du Seelenanteile zurück, die sich bei dir befinden und nicht zu dir gehören.

Nach diesem Prozess für die Ganzheit der Seele beginnen wir, die destruktiven Löcher zu fremden Dimensionen zu schließen. Die linksdrehenden Spiralen drehen sich immer weniger, bis sie ganz stehen bleiben. Aus diesen Spiralen entstehen dann Flächen, die wir mit goldenem Licht durchbrechen, und dadurch ist ihre zerstörerische Kraft gestoppt.

Jetzt stellen wir dich zu deinem Schutz in eine gedachte vierseitige Pyramide, die wir durch ihre Spitze mit blauem Licht auffüllen.

Über deinem Kopf, vor deiner Brust und hinter deinem Rücken, unter deinen Füßen lassen wir das Symbol für Unendlichkeit entstehen, um diese Informationen zu bekräftigen – und für deinen ununterbrochenen Empfang von positiver Energie.

Wir danken dir für deine Absicht, deine Seele und deinen Körper von der zerstörerischen destruktiven Energie zu reinigen und zu befreien. Du hast einen weiteren Schritt hin zu deiner Erleuchtung gemacht.

Für diesen Prozess zur Schließung der Eingänge in zerstörerische Dimensionen brauchen wir nur wenige Minuten. Aber eine ganzheitliche und vollkommene Reinigung deines kompletten Systems kann bis zu mehreren Monaten dauern. Du kannst all diese Veränderungen beobachten und wirst spüren, sobald sich dein energetisches System positiv aufgeladen und ausgeglichen hat.

Wir danken dir!
Frieden mit dir, Frieden mit uns.

3

Außerirdische Zivilisationen auf eurem Planeten und ihr Einfluss auf eure Gesellschaft

Liebe Lichtboten und derzeit inkarnierte Gefährten unserer wunderschönen Galaxis!

Unsere Galaxis! Wunderschön und vielfältig. Vielfältig an unzähligen Zivilisationen und Naturspektakeln und wunderschön in ihrer Pracht und Lebendigkeit!

Wie viele Zivilisationen sich in eurer Galaxis bewegen, ja, *bewegen*, kann sich euer Vorstellungsvermögen mit eurem menschlichen Gehirn gar nicht ausmalen.

Von der Gesamtkapazität des Gehirns, das man als ein einziges gigantisches Körperorgan bezeichnen könnte, nutzt die menschliche Rasse nur sechs bis zehn Prozent.

Euer Gehirn nimmt vor allem dreidimensional wahr. Das bedeutet, dass ihr die Welt um euch herum seht, körperliche Erscheinungen wahrnehmt, aber nicht mehr.

Die Individuen, die spirituell entwickelt sind und in vergangenen Inkarnationen an ihrem geistigen Wachstum gearbeitet haben oder immer noch an sich arbeiten, können bezeugen, dass ihre Welt der dreidimensionalen Wahrnehmung in eine fünfdimensionale räumliche Wahrnehmung übergegangen ist.

Sie können nicht nur die Welt auf dem Planeten Erde wahrnehmen, sie sind auch fähig, andere Dimensionen und Räume zu erfassen und aufzunehmen. Sie können sich mit ihren Sinnen und ihrem Gehirn an das Wissen und die Gesetze des Universums anbinden und haben so die Verbindung zwischen sich und dem Kosmos erreicht. Gleichzeitig haben sie eine Verbindung zu den anderen Individuen gleicher Frequenz herbeigeführt. Es ist egal, ob sich diese Individuen momentan auf dem Planeten Erde oder in anderen Sphären oder Heimatgefilden befinden.

Spirituell entwickelte Individuen nehmen mit ihrer Sehkraft, oft mit ihrem inneren Auge, Zwischendimensionen und Zwischenräume wahr, die anderen menschlichen Einzelwesen verborgen bleiben. Sie sind in der Lage, diese Welt genauso wahrzunehmen wie die irdische Welt, was sehr vorteilhaft für die Erleuchtung des gesamten Lebens auf dem Planeten Erde ist. Viele menschliche Einzelwesen, die ihr Ego bisher nicht abgelegt und gereinigt haben, können die Welt nicht so wahrnehmen, wie sie wirklich ist.

Sie erhalten nicht einmal eine Anbindung an ihre Familie, die sich momentan in der Dimension der Ewigkeit aufhält, und dadurch haben sie sich den Zugang zum »Rat der Ältesten« versperrt.

Sie schlagen sich auf eurem Planeten durch ein unangenehmes Leben, sie überleben lediglich und sind wortwörtlich auf sich selbst angewiesen. Sie nehmen nicht wahr und sehen nicht, dass sich um sie herum ständig ihre Lichtwesen bewegen, wie etwa ihre Schutzengel, die bei ihrer Geburt mit ihnen auf den Planeten Erde hinabgestiegen sind, ihre Lichtführer und ihre ganze Lichtfamilie, die sich gerade im Licht befindet. Sie nehmen nicht wahr, dass sich um sie herum ihre *Familie* bewegt, die oft von den unterschiedlichsten Planetensystemen kommt und die ihnen gerne auf dem Weg durchs Leben helfen und ihre Bewusstseinsebene erhöhen würde.

Diese Einzelwesen nehmen nicht ihre Lichtführer wahr, ganz zu schweigen davon, dass sie sämtliche kosmische Gesetze und das dazugehörige Geschehen verstehen würden.

Sie können sich weder vorstellen noch es zulassen, dass sich um sie herum »nur liebevolle« Lichtwesen bewegen, und erst recht nicht, dass in den Zwischendimensionen und Zwischenräumen immerzu Gefahren auf sie lauern (letzten Endes auf euch alle), in Form von dunklen Zivilisationen, welche die menschliche Rasse angreifen und ganze Jahrtausende lang besetzen.

Deswegen ermutigen und helfen wir euch fortwährend, eure Sinne zu entwickeln! Wir helfen euch, alle Zusammenhänge auf dem Planeten und im Kosmos zu verstehen, wir helfen euch, mithilfe eines erhöhten spirituellen Bewusstseins »die Augen zu öffnen« und noch mehr wahrzunehmen und tiefer in das Wissen über das schwierige und momentan komplizierte Planetensystem, in dem ihr euch befindet, einzutauchen.

DESHALB SIND WIR HIER!

Mit einem entwickelten und erhöhten Bewusstsein wird es euch ermöglicht, euch in dieser ganzen Situation auszukennen, euch schneller selbst zu helfen und gegebenenfalls auch anderen menschlichen Einzelwesen zu helfen, die diesen Weg noch suchen. Für euch, die ihr diese Zeilen lest, ist das alles sicherlich logisch und verständlich.

Nun beschreiben wir aber wenigstens in aller Kürze, was auf eurem Planeten momentan geschieht und welche Zusammenhänge dieses Geschehen mit sich bringt.

Wir wollen keine Panik verbreiten! Wir wollen nur eure momentane Situation näher beleuchten, und wir wollen euch aus ihr heraushelfen!

Außerdem seid ihr, wie wir bereits mehrmals mitgeteilt haben, auf einem sehr guten Weg, und die Anzahl der erleuchteten menschlichen Seelen auf dem Planeten Erde hat schon eine Zahl erreicht, die es erlaubt, dass das Positive das Negative überwiegt.

Bleibt aber trotzdem wachsam …

∞

Auf eurem Planeten befinden sich zurzeit ungefähr 150 verschiedene außerirdische Zivilisationen. Etwa zwanzig davon sind friedliebend, freundlich und in der Lage, unablässig zu helfen. Sie helfen euch auf lichtvolle Art und Weise, euer spirituelles Bewusstsein anzuheben. Mit verschiedenen Transformationsgeräten verwandeln sie alte und überholte Gedankenmuster in eine lichtvolle Form. Sie versuchen mit allen erdenklichen Mitteln eure Natur zu schützen und ihr zu helfen.

Diese Zivilisationen stehen mit euch in ständigem Kontakt. Sie befinden sich in physischer oder lichtvoller Form auf dem Planeten. Viele bewegen sich in Lichtschiffen um euren Planeten herum und haben so die Möglichkeit, positiv und ungehindert auf den Planeten und seine Gesellschaften einzuwirken. Viele von ihnen arbeiten mit menschlichen Mitgliedern des Friedensparlaments und »friedvollen« Politikern zusammen, die von uns in die aktuelle Inkarnation gesandt worden sind und mit ihren außerirdischen Kollegen zum Wohle der Menschheit arbeiten. Sie versuchen auch, politische Magnate zu einer vernünftigen Lösung eurer gesamten Situation zu bewegen.

Viele dieser friedliebenden Zivilisationen bewegen sich auf dem Planeten verborgen vor den Blicken der Öffentlichkeit.

Sie wirken entweder direkt von ihren Raumschiffen aus, die das menschliche Auge nicht sehen kann, oder sie leben in absoluter Abgeschiedenheit. In eurer Natur gibt es immer noch Orte, die eure menschliche Rasse bisher nicht erkundet hat. Dort befinden sich »geheime« Plätze, von denen aus diese Zivilisationen ungestört positiv auf euch wirken und mit euch zusammenarbeiten können.

Die hohe Zahl der übrigen Zivilisationen, die eure Gesellschaft besetzen und manipulieren, ist erschreckend, aber wir wissen und sind aufgrund eurer aktuellen Entwicklung überzeugt, dass ihre negative Frequenz eure positive Kraft nicht erträgt und sie innerhalb von 20 bis 30 Jahren euren Planeten verlassen haben werden.

Die belagernden und manipulierenden Zivilisationen sind Meister der Gestaltwandlung. Sie können verschiedene Körper oder Formen annehmen, lebende und auch nicht lebende Formen. Sie sind der Besetzung eurer Seele, eures Körpers und eures Bewusstseins sowie eurer Wahrnehmung fähig.

Sie bewegen sich schon seit mehr als 20.000 Jahren in euren Gesellschaften. Die Zeit von Atlantis hat ihnen unzählige Möglichkeiten gebracht, eure schöne menschliche Rasse zu manipulieren und zu beherrschen.

Zu den am weitesten verbreiteten Gruppen gehören die Illuminaten. Über ihnen befindet sich eine Gruppe negativer Verbindungen verschiedenster Formen, die Archonten, welche die Gruppe der Illuminaten beherrscht und lenkt. Die Gruppe der Illuminaten unterliegt im Grunde der Sklavenherrschaft der Archonten, die in eurer Galaxis sogar mehrere Planetensysteme auf einmal besetzen. Sie besetzen Planeten, auf denen sich Zivilisationen ähnlich der menschlichen Rasse befinden, und sie wissen, dass sie über diese Rassen herrschen können.

Bereits zu der Zeit, die ihr als griechische Mythologie bezeichnet, haben sie sich für Götter ausgegeben und die ganze

Erdkugel besetzt. Die Zivilisation der Illuminaten in Zusammenarbeit mit den Anunnaki ist bisher die heikelste Verbindung, bei der es bis zum heutigen Tag schwierig war, ihr auch nur ein wenig Kraft zu entziehen.

Der Stamm der Illuminaten und Anunnaki »arbeitet« mit euren Seelen und der menschlichen Materie. Die einfachste Art, die Oberhand über ein menschliches Einzelwesen zu erlangen, ist die Inkarnation in den menschlichen Körper. Die Illuminaten, die von außerirdischen barbarischen Planeten kommen, bewegen sich auf diese Weise ganz einfach unter euch. Sie haben die finanzielle und politische Macht auf eurer Erde übernommen. Sie sind »Barbaren« in menschlichen Körpern. Es geht ihnen nur um Macht, Vorherrschaft und Reichtum. Sie verbreiten über die Medien Panik und Angst und strahlen frequenzmäßig ständig die Schwingungen von Angst und Hoffnungslosigkeit auf euch ab.

Es ist für sie auch kein Problem, die Seele eines menschlichen Einzelwesens erst im Verlauf seines Lebens zu besetzen, wenn sie wissen, dass ihnen dieser Einzelne Erfolg und Wohlstand bringen könnte. Sehr oft beeinflussen sie politische und einflussreiche Persönlichkeiten eurer Gesellschaft.

Die Illuminaten arbeiten auf der sogenannten Bewusstseinsfrequenz – sie beeinflussen Gehirnströme, verändern eure inneren Programme, die ihr auf den Planeten Erde mitgebracht habt (später werden wir das noch genauer beschreiben). Das bedeutet, dass sie physisch nicht anwesend sein müssen, um eure Gesellschaft zu beherrschen.

Im Gegensatz dazu stehen die parasitären Zivilisationen, die auf der physischen Ebene arbeiten und sich direkt auf eurem Planeten befinden. Unter der Erdoberfläche existiert noch eine weitere Ebene des Lebens beziehungsweise der Lebensform. Ganze Labyrinthe, Städte und natürliche Unterschlupfe befinden sich direkt unterhalb eurer Realität.

Die meisten dieser Zivilisationen arbeiten mit der Gruppe der Illuminaten zusammen, auch sie haben sich Macht, Vorherrschaft und materiellen Gewinn zum Ziel gemacht. Sie sind in der Lage, ihre Körper oder vielmehr körperlichen Hüllen, die nur selten dem schönen menschlichen Körper ähnlich sind, meisterhaft zu verwandeln oder von einem Ort zum anderen zu levitieren – zu schweben. Viele Bewohner eures Planeten halten diese Informationen für Science-fiction, sie haben Angst, dass es zur Gefahr der Belagerung durch außerirdische Rassen aus dem Kosmos kommt, dabei befinden sie sich bereits unter euch, sogar buchstäblich *unter* euch. Eine ganze Armee dieser »Helfer Gottes« – wie sie sich selbst nennen!

All diese Zivilisationen werden durch eine dunkle energetische Form gelenkt, die Archonten, wie wir bereits erwähnt haben. Es ist eine negative energetische Verbindung, die sich um euren Planeten herum bewegt und sich an jedes negativ denkende Einzelwesen anbinden kann. Negativität zieht Negativität an, und auch die letzten Reste positiver oder lebensspendender Energie wird diesen Einzelwesen genommen.

Das Ziel der Archonten ist es, ganze Planetensysteme und ganze Galaxien mit ihrer energetischen Form zu besetzen und dadurch die Vorherrschaft über das gesamte Geschehen im Universum zu erlangen!

Zeit spielt für sie überhaupt keine Rolle, sie bewegen sich so mühelos durch Zeit und Raum, dass es eure Vorstellungskraft bei weitem übersteigt.

Eine einzige energetische Verbindung des Typs Archont in der Größe von beispielsweise einem Quadratzentimeter ist in der Lage, sich über eure ganze Erdkugel zu verteilen und damit ihre Frequenz zu verstärken. Es geht ihnen darum, ihre dunklen Energiefelder auszubreiten, immer mehr an Größe zuzunehmen und riesige dunkle Felder zu erschaffen, die alle Lebensformen des Universums vernichten!

Es ist erforderlich, sich mit anderen positiven Individuen zusammenzuschließen, und es ist mehr als erforderlich, sich der ganzen komplizierten Situation überhaupt erst einmal bewusst zu werden. Diese barbarischen Zivilisationen haben Angst vor dem Licht, sie fürchten sich vor der göttlichen Energie und Intelligenz. Das Licht schadet ihnen und ist in der Lage, sie zu einer positiven Veränderung und Transformation zu bringen.

Nur hell leuchtende Individuen sind so stark, dass sie diese negativen Energieformen in ihrem Körper, ihrer Seele und damit auch in ihrem Leben nicht zulassen!

Nur hell leuchtende, bewusste Individuen können sich gegen sie wehren, und nur ihr Körper bleibt gesund und ihr Geist ohne Makel und seelische »Narben«.

Nur hell leuchtende Individuen schaffen es, den Weg des Friedens, des Lichts und des Positiven zu gehen. Sie können sich selbst und anderen helfen. Sie helfen sich selbst und ebenso anderen, in ihrer Kraft und in ihrem Licht diese Zeit der Belagerung und Manipulation durch andere Völker zu überdauern!

∞

Mit eurem reinen Herzen, eurer Liebe und Dankbarkeit helft ihr euren menschlichen Kollegen allein schon dadurch, dass ihr hier seid.

Bleibt in eurer Liebe und Kraft, in eurem Licht und im Positiven. Dadurch seid ihr nicht manipulierbar, und niemand kann die Macht über euch ergreifen!

Mit eurer Liebe und eurem absolut gereinigten Herzen helft ihr euch, euren Kindern und den Kindern eurer Kinder, die sich ebenfalls nach und nach auf den Planeten inkarnieren werden.

Wir rufen euch auf, euch die Kraft dieser Worte und dieser Wirklichkeit bewusst zu machen! Jeder von euch ist wichtig, und jeder von euch trägt mit seinem Licht zur Rettung eures Planeten und zur Rettung der Zukunft eurer menschlichen Gemeinschaft bei.

Es ist unabdingbar, durch eure Arbeit an euch selbst eure Lichtfrequenz anzuheben, und es ist unabdingbar, eure Sinne zur fünfdimensionalen Wahrnehmung hin zu entwickeln.

Für euren Schutz, für euer Wachstum, für die Entwicklung eurer Intuition, eurer Wahrnehmung der Wirklichkeiten um euch herum. Mit gemeinsamer Kraft und Liebe können diese »Hindernisse« überwunden werden.

Frieden mit dir!
Frieden mit uns!

4

Die aktuelle Situation Deutschlands und Erläuterung der Asylproblematik

Die Informationen, die wir euch geben, regen auf jeden Fall zu tiefem Nachdenken an, zur Beurteilung der gesamten Situation und vor allem – zur weiteren Arbeit an sich selbst und zur Anhebung der Lichtfrequenz!

Ihr seht, wie viele Menschen um euch herum krank sind, an verschiedensten »Zivilisationskrankheiten«, wie ihr es oft nennt, sterben. Wie viele Menschen denken negativ und sehen keinen Sinn mehr auf ihrem Lebensweg.

Das ist eigentlich kein Wunder, wenn man sich einmal anschaut, welch großen Reibungsflächen mit negativen Energien oder Personen sich eure Gesellschaft stellen muss. Vor allem die ältere Generation trägt kein erhöhtes spirituelles Bewusstsein in sich, und deshalb verkommen ihre Seele und ihr Körper.

Nur wenige Individuen der älteren Generation sind in der Lage, eure ganze planetarische Situation zu »durchschauen« und auf irgendeine Art und Weise anzufangen, etwas dagegen zu unternehmen.

Ganze Völker, ganze Kolonien verschiedenster Völkergruppen sind bereits seit Jahrtausenden dem Druck unterschiedlichster dunkler außerirdischer Zivilisationen ausgesetzt.

Die Kirche, Politik, Finanzsysteme, die Pharmaindustrie sind bloße Hilfsmittel, um für die eigenen Zwecke aus menschlichen Wesen Werkzeuge zu machen, Sklaven, Steuerzahler. Eure Körper dienen ihren Absichten und Systemen.

Eure auf diese Weise geschwächten und ausgebeuteten Körper haben keine Kraft, sich auf die Seite der Seele zu stellen und in Einklang mit ihr zu handeln. Die armen Seelen verbleiben in den kranken Körpern und warten oftmals nur darauf, dass sie sich vom kranken Körper befreien und aus ihm in die Dimension der Ewigkeit aussteigen können, in den »Himmel«, wie ihr es nennt.

Die barbarischen Zivilisationen, wie es beispielsweise die erwähnten und sehr starken Illuminaten und Anunnaki sind, haben eure gesamte Geschichte beeinflusst, die Geschichtsbücher »umgeschrieben« und auf ihre Weise umprogrammiert, und sie haben sich von euch, eurer Gemeinschaft und von Mutter Erde genommen, was nur ging. Was glaubt ihr wohl, wer hinter der Umweltverschmutzung, dem Abbau von Rohstoffen bis auf den allerletzten Rest und hinter der so brisanten politischen Situation steckt?

Menschen, die nicht spirituell sind, sind am Leichtesten manipulierbar. Für die dunklen außerirdischen Zivilisationen ist es kein Problem, in ihr Bewusstsein und ihre Seele einzudringen und diese Menschen auf der Ebene, die sie gerade brauchen, »umzuprogrammieren«. Sie sind in der Lage, bei ihnen bestimmte Bereiche im Gehirn, Körper oder in der Aura auf dunkle Schwingungsfelder umzuprogrammieren, die sich ganz einfach an die anderen dunkel schwingenden Felder anbinden.

Sie haben die Möglichkeit, einen Teil ihres Bewusstseins in die Seele der Menschen einzupflanzen, wodurch bestimmte Menschen gar nicht mehr anders als negativ denken können. Sie handeln genauso, wie es sich die dunklen Zivilisationen wünschen. Solche Praktiken verwenden die dunklen Zivilisationen sehr häufig bei einflussreichen Persönlichkeiten eures Planeten. Oft sind sie ihre Marionetten, ohne dass diese Personen es selbst bemerken. Die amerikanische Regierung ist das beste Beispiel dafür.

Eure gesamte politische Situation wird nicht durch eure Politiker geführt, sie wird durch dunkle außerirdische Völker geführt und manipuliert, die mit eurer Erdkugel spielen wie mit einem Spielball. Von solchen Planeten, die sie für ihre Zwecke verwenden, haben sie in eurer Galaxis einige. Es kommt immer darauf an, wie lange die ursprüngliche Planetenbevölkerung sich das gefallen lässt.

Die dunklen Zivilisationen haben nur *ein* großes Interesse: Reichtum, Macht und Vorherrschaft über alles, was ihnen gerade zur Verfügung steht. Dass sie diese Planeten und ihre Lebensformen dabei in einen ganz und gar armseligen und katastrophalen Zustand stürzen, ist für sie nicht weiter von Belang.

Die gesamte momentane Situation im Fernen Osten ist ein weiteres aktuelles Beispiel ihrer Machtgelüste und der Absicht, alles Florierende zu zerstören. Sie tun dies, indem sie in dem jeweiligen Gebiet ihre »Spielfiguren« einsetzen.

Die wirtschaftliche Situation der Deutschen Republik war bisher unerschütterlich und stabil. Sie war die stärkste der europäischen Staaten. Warum aber sollte eine solche Stabilität »geduldet« werden?

Die Emigration der Völker verfolgt nur ein Ziel: das Wirtschaftssystem Deutschlands vollständig zu zerrütten und so die Bevölkerung zu verunsichern.

Die Bevölkerung Deutschlands, die bis heute unter den Kriegsjahren der Dreißiger leidet, obwohl wir sehr genau wissen, dass Adolf Hitler von den Illuminaten gesandt und unterstützt worden war, nimmt alle Emigranten auf, weil sie sich damit vom schlechten Gewissen vergangener Zeiten freikaufen möchte. Dieser Bevölkerungsanteil löst bei uns großes Bedauern aus, denn schon das Wort *Deutschland* ist durch die Illuminaten mit der furchtbarsten Kriegsenergie aufgeladen worden, und die Bewohner Deutschlands können sich aus dieser schlechten Energie nicht befreien.

Deutschlands große Kriege sind von den Illuminaten eingefädelt worden, und die Bewohner der betroffenen Länder leiden bis heute darunter. Ihre Nachkommen tragen noch immer die Kriegsfrequenz in sich, obwohl sie sich bereits in der vierten Generation befinden!

Die amerikanischen Illuminaten haben die gesamte Weltsituation durchdacht und im Voraus programmiert. Ihr Ziel ist es, Deutschland wirtschaftlich zu zerstören und auch dort an die Macht zu gelangen.

Durch das ständige Ausstrahlen von Nachrichten, durch die Verbreitung von Informationen ist es ihnen jetzt schon gelungen, Panik und Angst unter den Bewohnern zu schüren. Mit diesen Emotionen, die mehr als dunkel sind, können sie sehr gut arbeiten, und sie können sie unter weiteren Bewohnern Deutschlands und Europas verbreiten.

Wir beobachten diese Situation und helfen mit allen Mitteln dabei, sie zu verändern.

Die Zivilisation der Anunnaki befindet sich in direkter Konfrontation mit euch, weil der deutsche Staat große finanzielle Mittel und beträchtliche Goldmengen besitzt und sie diesen Reichtum nach mehreren Fehlversuchen in eurer Geschichte endlich für sich haben will.

Wir heben frequenzmäßig und lichtvoll ununterbrochen das Bewusstsein der europäischen und vor allem deutschen Bewohner an. Durch diese Frequenzen erhalten die Bewohner von Deutschland neue positive Energie, körperliche Kraft und Hoffnung für die Zukunft. Wir wissen schon jetzt, dass es den barbarischen Zivilisationen nicht gelingen wird, Deutschland und Europa zu »zerrütten«.

Wir wissen aber auch, dass es nicht einfach werden wird – *obwohl sich zu guter Letzt ein positives Ergebnis einstellt!*

Wir transformieren mit unseren Geräten, die regelmäßig in Betrieb sind, die Kriegsenergie, ihre dunklen Felder und die daraus entstandenen Gedankenfelder, welche die Bewohner und vor allem die Opfer der Kriegsschrecken erzeugt haben.

Wenn sich das deutsche Gebiet und alle Staaten und Völkergruppen, die etwas mit dem Zweiten Weltkrieg zu tun hatten, befreien, wird sich auch die jetzige politische Asylsituation auflösen. Ganze Kolonien von Seelen, die immer noch an Schlachtfelder, Hinrichtungsstätten und Konzentrationslager gebunden sind, belasten die europäische Energie sehr. Diese Felder sind sehr dunkel und haben auch den Boden erfasst, der sich unter diesen Orten befindet. Durch den Boden wird die erschütternde Energie über die Erdlinien immer weiter verlagert – und deshalb ist es notwendig, diese Energie in Licht zu transformieren.

Die Bewohner Deutschlands und alle, die etwas mit den großen Kriegen zu tun hatten, tragen diese Energie in sich. Sie tragen sie in ihrem Energiefeld und ihrem Zellenbewusstsein. Es ist wie ein einziger belasteter Organismus, der sein eigenes Bewusstsein hat und sich ständig über ganz Europa bewegt und den zu transformieren es bisher nicht möglich war.

Nun, mit eurem jetzigen Bewusstsein und Überblick über eure momentane Gesamtsituation seid ihr endlich in der Lage, zusammen mit uns diese Energie und ihre Netze ins Licht zu schicken und sie dort in die göttliche Matrix umzuwandeln.

Dort, in der göttlichen Marix, verbirgt sich der Schlüssel zur Auflösung der momentanen Situation Europas und letztlich der gesamten globalen Situation.

Durch die Transformation der Kriegsenergie erhöhen sich die Energie und Kraft der gegenwärtig inkarnierten Bewohner dieses Planeten. So wird es euch zusammen mit uns gelingen, die Situation zu stabilisieren und der Panik und Angst, von denen sich die dunklen Mächte ernähren, Einhalt zu gebieten. Sie werden aufhören, euch die lebensspendende Energie »auszusaugen«, und ihre Kraft wird sich insgesamt verringern.

Übung

Setze dich gemütlich hin und verbinde dich mit uns.

Binde dich gedanklich an dein Höheres Ich und an unsere plejadische Zivilisation an.

Schon durch deine Absicht der Anbindung eröffnen sich dir Räume und Eingänge in kosmische Höhen, die deine Kraft und dein kosmisches Bewusstsein anheben.

Jeder, wirklich JEDER, der sich auf diese Weise mit uns verbindet, hilft mit riesengroßer Kraft der deutschen Bevölkerung und eurem ganzen Planeten.

Verbinde dich gedanklich mit uns. Durch deine Person, die an verschiedenste Gedankenfelder angebunden ist, gelangen wir jetzt zu weiteren und immer weiteren Personen und deren Gedankenfeldern und reinigen und harmonisieren dadurch alle Negativitäten, die sich um dich herum befinden.

Wir reinigen die Frequenzen der Kriegsfelder.

Wir transformieren die negative Energie des Wortes Deutschland. Wir reinigen und harmonisieren.

Wir aktivieren Frieden und seine Frequenz in dir und um dich herum, und wir übertragen sie auch auf weitere

Personen, die Kontakt mit dir haben und bisher durch die Kriegsenergie belastet waren.

Lass uns noch ungefähr 20 Minuten lang wirken, verbleibe in einem meditativen Zustand.

Alles passiert automatisch und mit reiner Absicht. Dein Herz und die Herzen deiner Liebsten werden gereinigt und energetisch angehoben.

Wir danken dir für deine Bemühungen und deine Arbeit. Wir danken dir dafür, dass du dich zur Beseitigung negativer Felder zur Verfügung gestellt hast.

Wir danken dir!

Frieden mit dir.
Frieden mit uns.

5

Energetische Implantate und Belastungen sowie die Anbindung an das Frequenzfeld X

Eine weitere absurde Belastung, welche die Deutsche Republik gerade durchlebt, ist eine mentale Last, die ganz Europa ertragen muss. Die ganze Welt beobachtet dieses Geschehen, und die Bewohner Deutschlands fühlen sich durch diese Aufmerksamkeit sehr geschwächt.

Es ist nämlich jetzt die gesamte arabisch-kulturelle Symbolik in Deutschland ausgesät und in alle möglichen Ebenen des Seins eingeprägt.

Die arabische Kultur und ihre Geschichte passen nicht in die Kultur Mitteleuropas. Die gesamte genetische Schablone verschiebt sich und weicht von der Normalität ab. Das ist durchaus im Sinne der dunklen Mächte, die mithilfe der Symbolik, mithilfe des mentalen Einflusses auf die gesamte Situation und die entsprechenden menschlichen Wesen einwirken wollen, um die Grenzen der Normalität zu überschreiten und die Völker zu vermischen.

Und dadurch die genetische Vorherrschaft zu erlangen.

Die Menschen, die in diese Situation hineingezogen wurden und wie Marionetten benutzt werden, tun uns unendlich leid. Vielen Menschen werden Informationen, die nicht dem gesunden Menschenverstand entsprechen, eingeflüstert. Dabei ist dies nur eine Situation von vielen, die sich gerade auf dem gesamten Planeten abspielen. In Zukunft werden sich noch mehrere ähnliche Situationen auf allen anderen Kontinenten entwickeln.

Ihr sollt aber wissen, dass dieses Geschehen zu den letzten Versuchen der dunklen Mächte gehört, um die Vorherrschaft über eure Welt zu übernehmen. Habt ihr das gehört? Dieses Geschehen gehört zu den letzten Versuchen! Die dunklen Mächte haben zwar noch einige solcher »Aktionen« vorbereitet. Sie wollen die ganze Welt so zerrütten, dass es für sie noch einfacher wird, ihre dunkle Signatur an die menschlichen Seelen weiterzugeben und damit diesen Planeten mit allem Drum und Dran zu unterwerfen.

Aber sie wissen, dass ihr Handeln auf der Erde langsam dem Untergang geweiht ist.

Daher bemühen sie sich besonders, mit diesen »Versuchen« auf jede erdenkliche Art und Weise wieder Wurzeln auf eurem Planeten zu schlagen. Die bisherigen Wurzeln sind nämlich teilweise zerrissen! Dabei waren sie seit der Zeit von Atlantis so fest in der Erde verankert, dass sie mehr als 20.000 Jahre überdauert haben.

So lange haben die dunklen Mächte euch belagert, euch missbraucht und zu eurem Nachteil hier gelebt. Nun beginnt eine Zeit des Lichts – eine Zeit, die endlich die Frequenz des Planeten und all seiner Bewohner verändert!

Alle Akupunkturpunkte eures Planeten, die als Energiepunkte zur Übertragung von Informationen mithilfe irdischer Meridiane – Erdlinien – dienen, fangen an, so stark zu strahlen und sich mit ihrer Kraft an das kosmische positive Strahlen anzubinden, dass alles Dunkle, das sich in ihnen oder in ihrer Nähe befindet, keine Möglichkeit mehr hat, sich zu halten. Es schält sich geradezu von der Erdoberfläche ab.

Ebenso geht es den versenkten Wurzeln der dunklen Mächte.

Die dunklen Mächte belasten nicht nur eure psychische und physische Hülle negativ, sie belasten auch die Erdoberfläche. Gaia, die Seele eures Planeten, ist schon sehr erschöpft und strapaziert, erhält aber momentan neue Hoffnung und Kräfte, da die weltweiten Veränderungen sie zu einem positiven Ergebnis bringen: *Sie wird befreit.*

Ihr Herz und ihre Seele, die sich im Zentrum eurer Erdkugel befinden, beginnen sich zu erholen. Das liegt an der kosmischen Kraft. Sie fängt an, euren Planeten unaufhaltsam und ausdauernd über die Akupunkturpunkte zu durchleuchten und alles Dunkle, das sich dort befindet, in Licht umzuwandeln – buchstäblich und wortwörtlich.

Euer Planet wird sich nach dem Überwinden der momentanen Belastungen an die Kraft eurer Heimatgalaxis und ihrer Gemeinschaften anbinden können.

∞

Wir haben bereits erwähnt, dass die dunklen Mächte euren Planeten innerhalb von 20 bis 30 Jahren verlassen haben werden. Dieser Zustand wird also noch diese Zeitspanne andauern, aber dann werden die parasitären Zivilisationen euren Planeten verlassen.

Die meisten von euch fühlen momentan eine große Erschöpfung, denn die Körperhülle und die Psyche des Menschen leiden unter der Gesamtsituation sehr. Einzelwesen, die spirituell nicht erhöht sind, erleben besonders schwere Zeiten, und nur eine Anbindung an die Lichtwelt und ihre Gesetzmäßigkeiten kann ihnen noch helfen.

Ihr, die ihr das Potenzial des Lichts und seine Elemente und die Verbindung mit dem Kosmos in euch tragt, erlebt wahrscheinlich ebenfalls eine schwierige Zeit, wenn auch auf einer anderen Ebene. Ihr müsst euch bewusst machen, dass die dunklen Mächte ihre letzten Reserven nutzen und sich bemühen, alles, was mit »Licht« zu tun hat, im Keim zu ersticken oder negativ zu ihrem Vorteil umzuprogrammieren.

Besonders helle Individuen, die mit der Aufgabe auf den Planeten Erde gekommen sind, zu helfen und Informationen des kosmischen Wissens zu verbreiten, werden ständig durch die dunklen Mächte attackiert und blockiert. Sie versuchen mit allen Mitteln, diese hellen Individuen von ihrem Weg abzubringen und sie dadurch vergessen zu lassen, warum sie auf den Planeten Erde gekommen sind. Diese spirituell hoch entwickelten Individuen jedoch fühlen, dass sie ständig blockiert werden.

Die dunklen Mächte blockieren ihre zeitliche und räumliche Dimension, sie arbeiten mit ihrem Bewusstsein oder bringen sie in eine Situation, die sie bei ihrer höheren Lebensaufgabe bremst. Viele von euch fühlen dies unterbewusst – und wir möchten euch dieses derzeitige Geschehen erklären.

Die dunklen Mächte haben gute Chancen, zur menschlichen Seele vorzudringen und mit ihr zu »arbeiten«, während ihr schlaft, besonders in der REM-Phase, wenn sich die Seele zwischen Schlaf und teilweisem Wachsein befindet. In dieser Phase ist die Schwingung der Gehirnimpulse niedriger, als wenn ihr wach seid, und dadurch ist es den dunklen Mächten möglich, zu eurer Seele zu gelangen und sie zu manipulieren. Sie können sich dann an die Schwingungsfrequenz eurer Herzebene anbinden und energetische Implantate in euren Körper einführen, die sich selbstständig in eurem System bewegen.

Das Ziel dieser energetischen Implantate ist es, auf allen Ebenen des Lebens und Seins die Entwicklung auszubremsen. Die Implantate werden ununterbrochen energetisch programmiert oder durch die dunklen Mächte oder Einzelwesen aufgeladen, die keine Ahnung haben, was mit ihnen geschieht. Sie fühlen sich geschwächt, sind oftmals physisch krank und matt und ohne Zukunftsaussichten. Sie haben weder Zeit noch Kraft, sich an ihre lichtvolle Aufgabe zu erinnern, geschweige denn sie zu erfüllen.

Sehr häufig werden die Implantate durch den Wirbelkanal übergeben, weil die Wirbelsäule der zentrale Punkt des Körpers ist. Durch sie und ihre Nervenbahnen ist es recht einfach, den gesamten Organismus zu belasten.

Viele von euch können sich vielleicht an schreckliche Träume erinnern, die euch mehr als lebhaft vorkamen. Oft träumen Menschen davon, brutal überfallen zu werden und gewaltsam Implantate verschiedenster Formen und Ausführungen in den Körper eingepflanzt zu bekommen. Im Schlaf interpretiert die menschliche Seele diese Gewalttätigkeit zwar auf ganz unterschiedliche Weise, aber die Mehrzahl von euch wird bezeugen können, dass sie mit einem vollkommen realen Gefühl aufgewacht ist.

Die Implantate und ihre Programme funktionieren auf der Basis von Angst. Am heftigsten werden bestimmte Bereiche des Gehirns erfasst, dunkle Gedanken nehmen an Kraft zu und verbinden sich mit weiteren dunklen Einzelwesen und Feldern. Viele der Implantate sind selbstständig funktionierende Mechanismen, die eine sehr lange Lebensdauer haben.

Der Körper verliert Lichtfrequenzen und wird auf die Form eines Organismus ohne eigene Meinung und eigenen Willen eingestellt, der lediglich überlebt.

Diese Informationen lösen sicherlich Unruhe in eurem Geist aus, aber die heutige Zeit ist kompliziert und IHR müsst endlich darüber Aufklärung erfahren, was sich hinter den ganzen wirtschaftlichen und politischen Systemen verbirgt!

IHR habt die Möglichkeit, eure Seele und euren Körper zu schützen. Ihr tragt jetzt neue Informationen und neues Wissen in euch. Wir wollen euch helfen!

Deshalb sind wir hier!

∞

Zunächst ist es notwendig, sich bewusst zu machen, dass ihr regelmäßige Rituale in euer Alltagsleben einführen solltet. So könnt ihr euch vor den dunklen Mächten schützen und notfalls auch eure Seele und euren Körper von negativen Energien reinigen und von den unterschiedlichsten energetischen Implantaten und Programmen befreien.

Es sollte euch klar sein, dass schon in der Zeit von Atlantis eure genetische Information und vor allem eure DNA-Ausstattung durch die dunklen Mächte verändert worden ist. Von den ursprünglich zwölf DNA-Strängen sind euch nur zwei geblieben, die den Körper wenig mehr als am Leben erhalten. Dadurch wurde euch auch die Möglichkeit der Regeneration des Körpers und seiner Organe genommen. Das Einpflanzen von negativen Energien, Programmen und Implantaten in den Körper und die Seele hat euch zusätzlich noch mehr von eurer Vitalität und eurem seelischen Wachstum entzogen.

Werdet euch bewusst, dass die Anbindung ans Licht und die Arbeit damit unentbehrlich und absolut lebenswichtig sind! Ihr solltet euch klar machen, dass ihr zu den hellen Persönlichkeiten eures Planeten gehört, zu den Gesandten des Lichts eurer kosmischen Familie. Ihr kommt aus den verschiedensten Bereichen unserer Galaxis, viele von euch sind durch die kosmische Familie ausgewählt und in diese Inkarnation gesandt worden, damit ihr dem Planeten Erde gerade in dieser Zeit helft.

Diese Zeit ist eine der wichtigsten und energetisch anspruchsvollsten nach der Zeit von Atlantis, aber auch entscheidend für die künftige positive Entwicklung.

Eure menschliche Rasse und das ganze Naturreich und die Seele eurer Erde haben ganze Jahrtausende lang auf diese Zeit gewartet – und jetzt habt ihr die Möglichkeit, euch aus diesem niedrig schwingenden Geschehen zu befreien!

Übung

Befreie gemeinsam mit uns deine körperliche Materie von belastenden Elementen jeglicher Art.

Dazu erschaffe dir als Erstes einen geometrischen Schutz, der dir hilft, alle negativen Belastungen aus deinem System freizugeben, ob du sie nun im Laufe deines Lebens angesammelt hast oder sie dir durch die dunklen Mächte eingegeben worden sind.

Es funktioniert ganz einfach.

Schreibe auf ein Blatt Papier folgende Gleichung:

$$C - 2 - 8 - 6 = \odot$$

Diese einfache, durch uns energetisch aufgeladene Gleichung hilft dabei, alle dunklen Blockaden in deinem Körper in Bewegung zu bringen.

Stelle dich für drei Minuten auf das Blatt Papier und halte ein zweites Blatt mit derselben Gleichung auf Augenhöhe. Schau es an. Dadurch lockern sich Blockaden auf physischer und psychischer Ebene.

Der Kreis mit dem Punkt darin bedeutet Ganzheit und Einheit. Die vollständige Gleichung symbolisiert das Verlassen dunkler Materie aus eurem System.

Falls dir beim Anblick dieses Zeichens unwohl wird, verkürze die Wirkungsdauer. Überschreite aber auf keinen Fall drei Minuten.

Nun wird dein ganzes System durch uns gereinigt.

Setze oder lege dich hin. Deine Wirbelsäule muss gerade sein.

Verbinde dich gedanklich mit uns. Unsere lichtvolle Zivilisation hat um euren gesamten Planeten herum ein Energiefeld geschaffen, das für die Entfernung jeglicher Belastung unterschiedlichster Art zuständig ist. Durch die Anbindung an dieses Feld werden auch verschiedenste Implantate aus deinem System entfernt. Dieses Feld ist mit einer Lichtfrequenz aufgeladen und mit der ursprünglichen, gesunden und absolut unfehlbaren Signatur und Kraft eurer Galaxis. In diesem Feld sind Informationen und auch die Kraft eurer Zentralsonne sowie des Systems des spirituellen Wissens und der Liebe des Universums enthalten.

Wir bezeichnen dieses Feld als Feld X.

Das Feld X, das mit seiner majestätischen Großartigkeit und Stärke der Kraft der göttlichen Intelligenz gleicht, hilft dir nun, alles Negative, das nicht zu dir gehört, zu entfernen.

Lass uns mindestens 20 Minuten lang wirken. Verbinde dich mit deinem Herzen und atme ruhig und tief, damit du deinem Körper und energetischen System hilfst, die negativen Blockaden leichter zu entfernen. Mit deinem regelmäßigen Atem hilfst du deiner Wirbelsäule, die zweifelsohne viele Belastungen trägt.

Wahrscheinlich nimmst du ganz unterschiedliche Empfindungen wahr. Dein Körper und deine Seele verbinden sich mit ihrer ursprünglichen Kraft und Signatur.

Jetzt stelle dich noch einmal für maximal drei Minuten auf ein Blatt Papier, auf das du das Zeichen Omega gezeichnet hast, darin eine rechtsdrehende Spirale und darunter das Zeichen der Unendlichkeit. Ein entsprechendes zweites Blatt betrachtest du wieder parallel dazu.

Diese Zeichen haben die Aufgabe, deine Lichtfrequenz anzuheben, und sie helfen dir obendrein, in deiner Lichtfrequenz zu bleiben.

Falls du dich in letzter Zeit schlapp und müde gefühlt hast, führe diese Übung an mehreren aufeinander folgenden Tagen aus, bis du mit absoluter Sicherheit sagen kannst, dass du dich auf allen Ebenen besser fühlst.

Übrigens, das Zeichen Omega, die Spirale und das Unendlichkeitszeichen kannst du auch außerhalb von Zeiten der Reinigung verwenden.

Das Omega versinnbildlicht die Lichtschwingung und die Anbindung an sie, viele von euch kennen es als das starke und hoch schwingende Zeichen OM. Die rechtsdrehende Spirale – Veränderung zum Positiven – und das Zeichen der Unendlichkeit bestätigen und fixieren diese Information. Durch das Daraufstellen sowie Anschauen des gesamten Bildes erzeugst du dein eigenes Energieportal, und damit wirst du besser geschützt sein.

Auch diese Zeichen, die du für deinen Schutz verwendest, sind im Feld X enthalten.

Nach der ersten Durchführung der Übung kann es zu einer Erstverschlimmerung kommen. Lass dich dadurch nicht entmutigen und halte in deiner Arbeit durch.

Wir danken dir dafür.

6

Lichtvoller Schutz

Ihr habt nun gelernt, euch mit dem Feld der Frequenz X zu verbinden. Den Namen des Feldes haben wir wegen der Form dieses Buchstabens gewählt. Indem zwei Geraden überkreuzt werden, entsteht ein Schnittpunkt, der Mittelpunkt des Buchstabens X. Wenn wir den Buchstaben X jetzt in Rechtsdrehung versetzen und seine Geraden verlängern, entsteht ein sich unendlich ausdehnender rotierender Kreis.

Durch die Drehung des Buchstabens X in alle Richtungen wird aus dem Kreis eine Kugel, und die Information verbreitet sich in alle Dimensionen.

Je größer die Kugel nun wird, desto schneller rotiert sie, und so gelangt ihr zur Frequenz des Lichts.

Dadurch, dass ihr euch gedanklich an das Feld X anbindet, erfahrt ihr Reinigung auf allen Ebenen eures Systems.

Für unsere Zivilisation ist das Verwenden geometrischer Formen sehr einfach und logisch. Sie müssen nur in Bewegung kommen, denn dadurch wird es möglich, aktiv mit diesen Formen zu arbeiten.

∞

Jetzt möchten wir euch beibringen, wie ihr euch im Alltagsleben vor Negativitäten schützen könnt.

In der Zeit der dritten Bewusstseinsebene, ungefähr bis Ende des Jahres 2012, stellten helle Personen für die dunklen Mächte keine Gefahr dar. Es reichte deshalb, wenn helle Personen sich mit dem goldenen Licht des Universums reinigten oder lichtvoll versiegelten. Ihr habt den dunklen Mächten, die unter euch leben, keine Sorgen bereitet.

Nun, in der Zeit der fünften Bewusstseinsdimension, hat sich die Sache geändert. Die dunklen Mächte sehen die Gefahr für sich und versuchen, alles Helle, das ihnen in die Quere kommt, auszubremsen und niederzumachen. In vielen Fällen werden Menschen durch die dunklen Mächte regelrecht angegriffen und energetisch blockiert.

Dadurch, dass sich der ganze Planet mithilfe seiner Akupunkturpunkte reinigt, reinigen sich zugleich die Dimensionen und Parallelwelten, die in der dritten Dimension verschlossen und unzugänglich waren.

In dem Zuge öffnen sich auch die Welten des negativen Schamanismus, der Hexerei und des Satanismus. Diese Dimensionen hatten zu früherer Zeit keine Möglichkeit, sich zu öffnen und in Licht zu transformieren.

Alles, was eure Gesellschaft und andere Mächte erzeugt haben, gelangt jetzt an die Oberfläche und stellt die Bewohner des Planeten vor ziemliche Herausforderungen.

Rituale, die über Jahrtausende hinweg ausgeführt worden sind und in der dritten Dimension sozusagen unter Verschluss geblieben waren, verbinden sich jetzt frequenzmäßig mit allen Bewohnern des Planeten, die jemals etwas mit diesen Ritualen oder anderen negativen Taten zu tun hatten, egal in welcher Inkarnation.

Momentan transformiert sich eine beträchtliche Menge von Negativitäten ins Licht.

Falls ihr zu den Menschen gehört, die dunkle Energien angesammelt haben und teilweise noch in sich tragen, und sei es noch so wenig, ist es sehr wahrscheinlich, dass sich ein Teil dieser Negativitäten an euch heftet und euch belastet.

Die sich von der Erdkugel lösenden Negativitäten steigen wie dunkle Wolken auf. Sie durchziehen die Landschaft und den Äther und warten auf ihre Transformation.

Gegebenenfalls binden sie sich wie ein Magnet an dunkel denkende Einzelwesen an.

∞

Viele menschliche Individuen haben in dieser Zeit schon die erstaunlichsten Phänomene erlebt, und viele von euch hatten bereits die Möglichkeit, Wesen zu sehen, die das menschliche Auge früher nicht erfassen konnte.

Durch die Reinigung des Planeten lösen sich die unterschiedlichsten Lebensformen aus den verschiedenen Dimensionen. Eine große Anzahl davon manifestiert sich in ihrer ursprünglichen Gestalt, damit ihnen geholfen wird und sie nach Tausenden von Jahren der Gefangenschaft in diesen Dimensionen gehen und sich in eine Lichtform – ihre Essenz – transformieren können.

Mit dem Öffnen und Reinigen verschiedenster Dimensionen erhöht sich die Frequenz der Erde genauso wie ihre Voltzahl und Ampere-Spannung. Vielleicht habt ihr auch schon beobachtet, dass elektrische oder elektronische Geräte häufiger ihren Geist aufgeben als früher. Sogar komplexe Satellitenempfangsanlagen sind durch diese Frequenzen überlastet, und es kommt oft zu einem Ausfall des Telekommunikationsnetzes. Das Internet bildet da, auch für die absehbare Zukunft, keine Ausnahme. Das elektromagnetische Netz des gesamten Planeten wird immer stärker belastet, und deshalb werden euch andere Möglichkeiten der Kommunikation angeboten werden.

Eure Gesellschaft wird sich in Zukunft mithilfe der Sonnenenergie und der Energie eurer Zentralsonne verständigen. Mithilfe der Sonnenstrahlen werden die binären Systeme des Kommunikationsnetzes wieder aktiviert.

Es werden wieder Kristalle riesigen Ausmaßes aktiviert, wie es zurzeit von Atlantis der Fall war, und sie werden eure Informationsträger sein. Eure Gedanken werden geradewegs an die Kraft dieser Kristalle angebunden sein, und eure Herzenskraft wird euch bei der gesamten Kommunikation helfen.

∞

Kehren wir nun zum ursprünglichen Gedanken zurück, nämlich zu lernen, wie man sich energetisch schützt. Momentan ist das für euch unverzichtbar, denn solange sich die parasitären Völker auf eurem Planeten befinden und sich der Planet reinigt, ist das wirklich lebenswichtig.

Übung

Ihr lernt, die Frequenz der Zahl 4 zu benutzen.

Die Zahl 4 trägt die heilige Energie des Engelreichs in sich. Wegen ihrer positiven Kraft wird die Vier zur Beseitigung von Negativitäten jeglicher Art verwendet. Durch das Drehen der Zahl 4 nach rechts entsteht ein unendliches positives Feld, das sich mit unfassbar großer Geschwindigkeit ausbreitet.

Mache diese Übung jeden Tag, am besten morgens und abends. Mache sie zur Reinigung und anschließend zu deinem Schutz.

Stelle dich dazu in eine energetische Pyramide, die vierseitig ist. Lass durch die Spitze der Pyramide die Zahl 4 eintreten, lass Millionen von ihnen eintreten und drehe sie in deiner Pyramide alle nach rechts. Reinige so deinen gesamten Körper und den Raum der Pyramide.

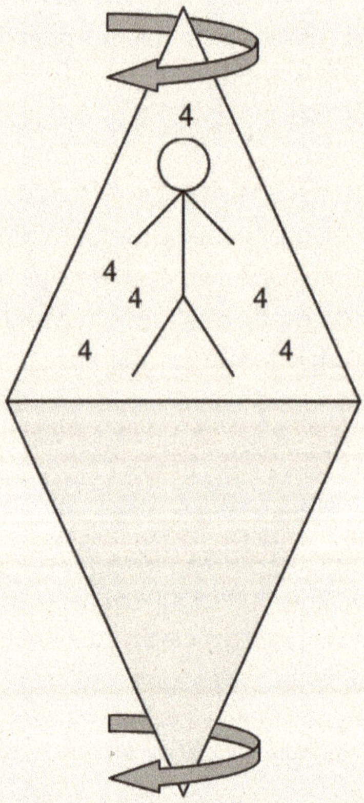

Wenn du fertig bist, erzeuge eine weitere Pyramide, die nach unten zeigt. Lass durch diese Pyramide und ihre

Spitze alle Negativitäten, die dein Körper abgegeben hat, in die Erde eintreten.

Jetzt drehe beide Pyramiden so lange nach rechts, wie es für dich angenehm ist. Dadurch verbindest du dich mit der rechtsdrehenden positiven Energie.

Fülle beide Pyramiden mit violettfarbenem Licht.

Übung

Eine weitere Reinigung deines Systems kannst du mit dem Zeichen für Unendlichkeit und der Zahl 4 durchführen.

Wenn wir die beiden Vieren zusammenzählen, erhalten wir die Zahl 8. Durch die Aktivierung der Vieren gelangst du zu unendlichem Schutz deines Organismus.

Stelle dir vor, dass du auf diesem Bild stehst, mit dem linken Fuß in der linken Hälfte der liegenden Acht und mit dem rechten Fuß in der rechten Hälfte. Lass dieses Bild durch deinen Körper aufwärts fließen und erzeuge über deinem Körper das gleiche Bild – eine Kopie.

Das erste Bild soll weiter unter deinen Füßen bleiben.

Lass jetzt diese Form auch vor deiner Brust entstehen und eine weitere hinter deinem Rücken. Aktiviere im Geist alle vier Bilder.

Jetzt bist du geschützt und gereinigt.

Übung

Eine dritte Methode des Schutzes ist das absolute sich Einhüllen in Licht. Wie wir bereits erwähnt haben, sind die dunklen Mächte besonders während der Schlafphase zum Angriff in der Lage. Diese Schutzmethode ist vorzugsweise vor dem Schlafengehen anzuwenden.

Reinige dich zuerst mit goldenem Licht. Jede einzelne deiner Zellen soll strahlen. Jede Stelle in deinem Körper strahlt jetzt absolut hell. Nun verschließe die Oberfläche deines Körpers mit goldenem Licht, als würdest du ihn mit einem Pinsel golden anmalen. Verschließe mit dem goldenen Licht alle Körperöffnungen. Die Oberfläche deines Körpers ist jetzt geschlossen.

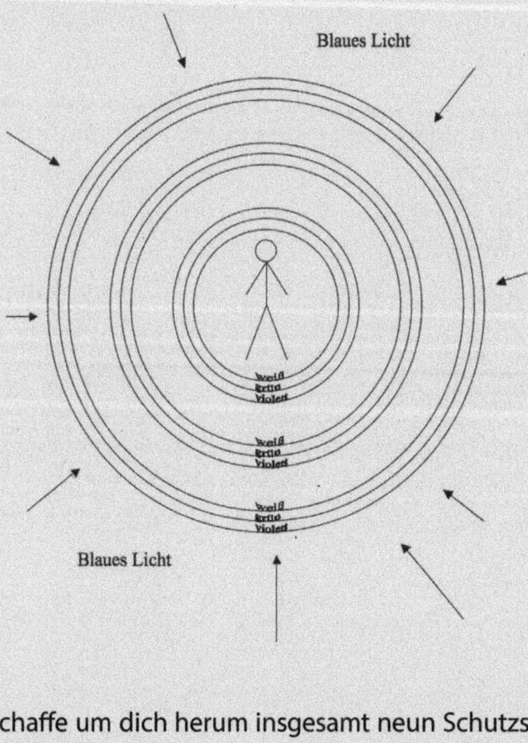

Erschaffe um dich herum insgesamt neun Schutzschichten. Stell dir dazu eine weiße lichtvolle Schicht vor, danach eine grüne und eine violettfarbene. Gehe nun in deiner Vorstellung und in deiner Aura ein Stück weiter nach außen und lasse erneut eine weiße, grüne und violettfarbene Schicht entstehen. Danach gehe noch weiter und erzeuge abermals eine weiße, grüne und violettfarbene lichtvolle Schicht. Lass um diese neun Schichten herum blaues Licht erstrahlen – das schützende Licht der göttlichen Intelligenz.

Durch diese Methode bist du jetzt von neun lichtvollen Schichten umgeben, und dein physischer Körper ist ganz und gar geschützt.

Diese Schutz- und Reinigungsmethoden sind unverzichtbar. Das bloße Reinigen mit Licht reicht momentan nicht aus. Bitte achte stets darauf, dich im Licht »einzuschließen«.

Rufe auch immer wieder deine Lichthelfer zu dir und bitte sie um täglichen, ausreichenden Schutz. Deine Familie im Licht, deine Engelwesen und deine kosmische Familie hören dich und unterstützen dich in dieser Inkarnation.

Wir danken dir für dein Durchhaltevermögen und deine Hilfe! Durch das Arbeiten an dir selbst wirst du zu einem Wesen, das nicht manipulierbar ist, und gleichzeitig hebst du deine Lichtfrequenz weiter an.

Frieden mit dir, Frieden mit uns.

7

Eine gesunde Lebensweise – Schutz vor den dunklen Mächten

Ein weiterer wichtiger Aspekt für euren Schutz ist eure Lebensweise, das heißt die Pflege eures physischen Körpers.

Viele von euch sind sich nicht bewusst, dass der Körper nicht in der Lage ist, sich gegen die negativen Mächte zu wehren, wenn er mit Fleisch, Weißmehl und einem Übermaß an Zucker und Fett belastet ist.

Besonders Fleisch und dessen Frequenz ziehen die Schwingungen des Todes an, auch wenn das für euch sehr unangenehm klingt.

Ein durch Schlachtung getötetes Tier oder eines, das zu Bedingungen gezüchtet wurde, die wir nicht einmal unserem ärgsten Feind wünschen würden, überträgt die Frequenzen von Angst, Panik, Leid und Hoffnungslosigkeit in euer System. Diese Frequenzen tragt ihr nach dem Verzehr des »Tieres« in *euch*. Mit Absicht verwenden wir hier das Wort »Tier«, nicht Fleisch. Es dauert stets einige Wochen, bis euer Körper und euer ganzes energetisches System sich von diesem kurzen Geschmackserlebnis erlöst hat.

Falls ihr regelmäßig Fleisch esst, könnt ihr euch vorstellen, wie sich euer Körper und eure Seele fühlen und was sie unbewusst in den Äther aussenden. Sie senden diese Emotionen nicht nur aus, sondern ziehen sie sogar zusätzlich noch aus der Umgebung an, wobei sie nicht in der Lage sind, sich von diesem Sog zu befreien.

Die dunklen Mächte sehen euch wie dunkel schwingende Wesen, obwohl ihr spirituell gesehen bereits auf einer hohen Ebene seid. Mit eurer dunklen Schwingung seid ihr automatisch an die Felder der leidenden Tiere in der gesamten Fleischindustrie und dadurch auch an das Feld der finanziellen Gewinne angebunden, die sich aus dem unmenschlichen Umgang mit den Tieren zusammensetzen.

Versteht ihr den Teufelskreis dieser Ereignisse?

Ein weiteres großes Problem sind Alkohol und Drogen. Wenn ihr zu viel Alkohol trinkt und Drogen zu euch nehmt und in eine berauschende Ekstase kommt, tritt eure Seele aus dem Körper aus, weil der Körper die Empfindungen verliert und damit auch den Kontakt zur eigenen Seele.

Für die dunklen Mächte ist dieser Zustand eine Einladung, in euren Körper oder in euer System einzudringen.

Ein solcher Zustand der Ablösung der Seele vom Körper geschieht auch bei einer Narkose. Der Körper wird für eine gewisse Zeit der Seele beraubt und stellt für die dunklen Mächte ein regelrechtes Angebot dar.

Auch die Seelen von Verstorbenen, die nicht den Weg zum göttlichen Licht gefunden haben, warten nur auf solche Gelegenheiten, steigen dann gern in den Körper ein oder ernähren sich von seinem Licht.

∞

Nach dem Jahr 2012 war eine große Anzahl an Seelen Verstorbener, die in diese Zeit geirrt waren, sichtbar und wahrnehmbar. Welchen Grund sie auch hatten, hier auf der Erde zu bleiben, nach diesem Jahr ist die Frequenz der Erde so stark gestiegen, dass einem Großteil der Seelen klar geworden ist, dass sie in dieser Frequenz nicht mehr bleiben können, und so wollen sie nun auf verschiedenen Wegen zum Licht gelangen.

Während der Osterzeit und der Weihnachtsfeiertage sind die Tore zum göttlichen Licht besonders durchlässig und offen. Genauso ist es zehn Tage nach dem Tod eines Menschen. Wenn die Seele diese Möglichkeiten aber nicht nutzt, bleibt sie auf der Erde, und ihr Licht wird immer dunkler. Es bleibt ihr dann nichts anderes übrig, als sich an irgendeine Seele zu heften, in der Hoffnung, diese Person ist so hellsichtig zu erkennen, dass sich bei ihr eine Fremdenergie befindet, und sie geleitet sie letztlich ins göttliche Licht.

Falls die betreffende Person nicht erkennt, dass sich eine fremde Energie – eine Seele – bei ihr befindet, nährt sich diese Seele von der Energie und dem Licht des Menschen.

Die betroffene Person fühlt in jedem Fall, dass etwas nicht in Ordnung ist. Dabei führt die Besetzung durch eine Seele häufig zu den gleichen »Symptomen«. Der Mensch hat das Gefühl, dass er eine Erkältung bekommt oder Fieber hat, er leidet unter allgemeiner Erschöpfung, Gelenkschmerzen, besonders in den großen Gelenken, Kopfweh und Schwindel. Manchmal geschieht es, dass die Organe stark vibrieren, der Betreffende muss dann sehr schnell oder schwer atmen. Von der psychischen Seite gesehen ist ein solches besetztes Einzelwesen oft schlecht gelaunt, es kann sogar zu depressiven Zuständen kommen.

Und schließlich stellt es keine Ausnahme dar, wenn der Betreffende die charakterlichen Eigenschaften der verstorbenen Person annimmt.

Eine große Anzahl Seelen von Verstorbenen flüchten sich in Kirchen oder an heilige Stätten auf eurem Planeten. Dort erfahren sie teilweise Erleichterung und bekommen gleichzeitig die Energie, die sie dringend brauchen.

Durchleuchtet euch also vor dem Betreten von Kirchen, Kathedralen, Friedhöfen oder heiligen Stätten mit Licht und versiegelt euch damit. Verwendet irgendeine der lichtvollen Schutzmöglichkeiten, die wir euch angeboten haben.

Wenn ihr das Gefühl habt, dass sich eine Fremdenergie bei euch festgesetzt hat, dann verwendet die folgende Methode. Ihr helft damit euch selbst – und ihr helft auch der Menschenseele, die hier auf der Erde herumirrt und nicht weiß, wie sie sich selbst helfen soll.

Übung

Visualisiere eine Lichtsäule, die ein Eingang zum göttlichen Licht ist, und stelle dich hinein.

Stelle dir über deinem Kopf eine vierseitige Lichtpyramide vor. Rufe deine Lichtbegleiter zu dir, deine Schutzengel, du kannst auch uns, die plejadische lichtvolle Zivilisation, zur Unterstützung deines Vorhabens hinzurufen.

Bitte die Menschenseele, die sich bei dir befindet, durch die Spitze der Lichtpyramide ins Licht zu gehen. Erkläre ihr, dass die Lichtsäule eine Verbindung zur göttlichen Intelligenz darstellt und dieser Lichtweg ins Zuhause menschlicher Seelen führt. Erkläre ihr, dass ihre Familie, die sich gerade im Licht aufhält, bereits auf sie wartet und sich auf ihr Kommen freut.

Bedanke dich von ganzem Herzen, verbleibe noch etwas in einem ruhigen Zustand zu Ehren des Verstorbenen und bedanke dich bei der Lichtwelt für ihre Hilfe. Als Symbol des Dankes an das Licht kannst du eine Kerze anzünden.

Wahrscheinlich wirst du körperliche Veränderungen wahrnehmen, es könnte sein, dass du Kälte oder – im Gegenteil – Wärme spürst. Nach einer Weile solltest du jedenfalls körperliche und psychische Erleichterung empfinden.

Wenn du es dir zutraust und den armen Seelen, die noch nicht den Weg zum göttlichen Licht gefunden haben, helfen willst, kannst du auch den Seelen beistehen, die sich beispielsweise noch auf Friedhöfen, in Krankenhäusern, Altersheimen oder in Kirchen aufhalten. Ebenso natürlich den Seelen auf Kriegsterritorien.

Stelle dir über der ganzen Fläche, die es energetisch betrifft, beispielsweise über einem Krankenhaus, eine Lichtsäule vor. Dann erschaffe über dem Dach des betreffenden Objekts gedanklich eine riesige vierseitige Lichtpyramide.

Fahre auf dieselbe Weise fort wie eben beschrieben.

Dadurch hilfst du den armen Seelen – und du hilfst dabei, weitere Orte deines Planeten zu durchleuchten und frequenzmäßig anzuheben.

Ihr seht, dass sich auf eurem Planeten gegenwärtig eine unglaubliche Menge an Veränderungen abspielt und sich Angelegenheiten und Energien transformieren, die sich bislang hier gehalten und euren gesamten Planeten belastet haben.

Momentan läuft alles mit enormer Geschwindigkeit ab, und es genügt wirklich schon die reine positive Absicht – und eure »Mission« ist erfüllt. Das erfüllt uns mit großer Freude, auch wenn wir wissen und beobachten, dass diese energetisch anspruchsvolle Zeit noch nicht zu Ende ist.

Doch mit eurer Kraft und reinen Absicht seid ihr in der Lage, die Gesamtsituation zu verbessern und euch schneller dem positiven Ziel zu nähern.

Wenn ihr in die Dimension der Unendlichkeit oder in eure kosmischen Heimatgefilde geht, könnt ihr zurückschauen und und werdet feststellen, was ihr hier auf dem Planeten Erde alles zum Besseren und Positiven verändert habt.

∞

Versorge dich zur Unterstützung deines physischen Körpers und auch zu seinem Schutz mit gutem Quellwasser. Wasser ist ein kosmisches Element, und seine Frequenz ist in der Lage, sich an die Kraft des Kosmos anzubinden.

Deine Zellen, die mit gutem, lebensspendendem, sauerstoffreichem Wasser gefüllt sind, übertragen ihre Schwingung auf die Haut, und die Haut verbindet deinen Organismus über ihre Kapillaren mit der Frequenz des Kosmos und der Schwingung eures Planetensystems. Durch gutes, sauerstoffreiches Wasser bist du mit dem Sauerstoff in der Luft verbunden und schwingst mit derselben Kraft wie die Naturelemente. Dadurch wird deine energetische Kraft angehoben, und dein Körper und dein energetisches System sind besser geschützt.

Übertrage zum Schutz vor Negativitäten das Zeichen der Unendlichkeit mit den beiden Vieren auch auf dein Wasser. Stelle ein Glas mit sauerstoffreichem Quellwasser auf dieses Zeichen und lasse es drei Minuten zur Übertragung dort. Trinke dieses programmierte Wasser je nach Bedarf schluckweise über den Tag verteilt.

Deine Zellen und dein ganzes energetisches System nehmen den Schutz in sich auf.

8

Orella spricht, eine Vertreterin der plejadischen Zivilisation

Was sich momentan auf eurem Planeten abspielt ist sehr anspruchsvoll, aber gleichzeitig erweckt es große Hoffnung und eine große Kraft, nach vorne zu gehen und sich nicht abschrecken zu lassen.

Die Anzahl der Planetenbewohner, die lichtvoll sind, liegt gegenwärtig bei etwa 18 Prozent. Das ist ein beträchtlicher Anstieg, denn die Menge der Durchleuchteten vor der Zeitenwende war so kümmerlich, dass sie prozentual gesehen an einer Hand hätte abgezählt werden können.

Unsere plejadische Zivilisation ist deshalb sehr zufrieden mit eurer Entwicklung, und es macht uns glücklich, dieses Geschehen zu beobachten. Besonders die planetare Situation und die Erhöhung der Frequenz eurer Erde – eurer Erdkugel –, ist mehr als zufriedenstellend.

Wir wissen, dass viele eurer menschlichen Kollegen sich beklagen und über ihr Schicksal lamentieren. Das sind Menschen, die sich noch nicht mit den energetischen Feldern des kosmischen Wissens und deren Heilkräften verbunden haben. Aber die Fähigkeit zur Regeneration des Körpers und zur Regeneration der Organe ist ebenfalls prozentual gestiegen.

Viele helle Individuen schätzen ihren Körper jetzt mehr, kümmern sich um ihn, sei es energetisch oder physisch.

Das ist auch unbedingt notwendig, weil wir EUCH helle Personen brauchen und auf eure Hilfe angewiesen sind!

Für uns war es bislang nicht möglich, euren Planeten so zu besuchen, wie wir es gerne getan hätten. Nach der herausfordernden Zeit, die auf Christus folgte, als eure Historie geschrieben wurde, konnten wir euren Planeten nur sporadisch aufsuchen und nicht in unserer physischen Form. Äußerst selten haben wir die Möglichkeit, in unserer physischen Form auf euren Planeten herabzukommen und auf ihm zu reisen.

Wir wissen, wie vorsichtig wir sein müssen, damit wir in eurer Bevölkerung keine Panik auslösen. Schließlich haben die 82 Prozent der nicht durchleuchteten Menschen die Grenzen ihrer bisherigen Vorstellungskraft und ihr altes spirituelles Bewusstsein noch nicht überwunden. Sie haben sehr viel Angst vor dem Unbekannten und vor allem, was ihnen »gefährlich« erscheint.

Wenn wir uns auf eurem Planeten befinden, verwenden wir deshalb abschirmende Filtersysteme als Sichtschutz, damit wir ungestört energetisch arbeiten können. Unsere Raumschiffe, die für eure Vorstellung mehrere Kilometer Durchmesser haben, sind durch Lichtportale – räumliche Durchgänge – geschützt und weisen ebenfalls Sichtschutzfilter auf, damit wir keine Angst und Panik auslösen.

Jeden Tag und jede Nacht arbeiten wir hier energetisch und heben die Frequenz eures gesamten Planeten und eurer Bewohner an. Wir verwenden dabei eine Technologie, die wir euch schon in wenigen Menschenjahren vorstellen werden und die ihr dann selbst nutzen könnt.

Aber dazu braucht ihr erst noch einen größeren Prozentsatz an hellen und bewussten Individuen – sowie Materialien, die ihr jetzt noch nicht herstellen könnt.

Wir sind in eurer Nähe und beobachten das Geschehen auf dem Planeten Erde. Wir beobachten außerdem die interplanetaren Vorgänge und beschützen eure Welt vor etwaigen Kollisionen mit Meteoriten mit der Erde. Euer wundervoller blauer Planet ist so großartig, und eine unserer Missionen und Aufgaben besteht darin, ihn zu beschützen.

In unserer gemeinsamen Galaxis befindet sich eine enorme Anzahl Planeten, die der Hilfe bedarf. Auch auf ihnen gibt es humanoide Wesen, ihr könnt uns aber glauben, dass die menschliche Rasse eine der schönsten Zivilisationen ist.

Wir wollen eure Rasse erhalten und retten. Wir handeln auf Weisung des kosmischen Rats. Ihr seid *unsere Mission*, und es macht uns sehr glücklich, dass wir euch durch diese Epoche begleiten dürfen. Schon bald – eurer menschlichen Zählung nach bereits in wenigen Jahren – werden wir uns zeigen und physisch mit euch kommunizieren können. Es trennt uns nur noch eine kaum nennenswerte Zeitspanne, bis wir uns von Angesicht zu Angesicht begegnen und uns gemeinsam an die Zeit des sagenhaften Atlantis erinnern werden und an die Zeit, als wir euch geholfen haben, auf diesen wunderschönen blauen Planeten umzusiedeln.

Der Planet Erde ist einer von wenigen, die wegen der niedrigen spirituellen Stufe seiner Bewohner bisher *keinen* Besuch von anderen außerirdischen Rassen zugelassen hat. Auf den anderen Planeten unserer gemeinsamen Galaxis ist es ganz normal, dass sich die kosmischen Familien und kosmischen Rassen gegenseitig besuchen und mit Liebe im Herzen und im Geist auf den jeweiligen Planeten leben oder verweilen.

Für euer menschliches Gehirn ist das jetzt noch unbegreiflich – und das ist auch kein Wunder, weil euch die dunklen Mächte manipuliert, in eurem Horizont eingeschränkt und euch die DNA genommen haben. Sie haben die Nutzung der vollen Kapazität des menschlichen Gehirns verkleinert. Von

100 Prozent verwendet ihr maximal sechs bis zehn Prozent, und *deshalb* habt ihr nicht die Möglichkeit, die ganze Situation auf der Erde aus einer anderen Perspektive zu sehen.

Wir möchten euch mitteilen, dass gerade die Zeit der Anbindung und Aktivierung der Gehirnsynapsen angebrochen ist. Wir arbeiten vor allem mit Klangfrequenzen, die euch helfen, eure Hirnschwingungen zu aktivieren und durch eure Hirnschwingungen das Matrixnetz eures Gehirns auszuweiten.

Klang ist eine sehr wichtige physikalische Größe, die uns in vielerlei Hinsicht hilfreich ist. Klang aktiviert Frequenzen der Erde und ihrer Atmosphäre, die schon lange nicht mehr funktioniert haben. Die Töne, die zur Matrix eures Planeten gehörten, haben sie bisher im Gleichgewicht und in ihrer Kraft gehalten. Wir aktivieren diese Töne wieder, die für euer Gehör nicht wahrnehmbar sind, und verhelfen dem Planeten damit zu seiner Stabilität. Wir aktivieren außerdem Klänge, die für euer menschliches Gehirn zuständig sind.

Und nach einer gewissen Zeit werden wir auch die Felder und Klänge aktivieren, die euch dabei helfen, die verlorenen DNA-Stränge wiederanzubinden.

Wir benutzen Klänge zur Beseitigung von Negativitäten. Dabei hilft es uns sehr, dass die dunklen Mächte auf eurem Planeten keine Vorliebe für liebliche Klänge haben.

Wir senden über unsere Raumschiffe Klänge aus, welche die dunklen Mächte nicht mögen. Das ist für uns ein Experiment. Der kosmische Rat hat uns diese Lösung vorgeschlagen. Wir hoffen, dass unser Experiment gelingt und die dunklen Zivilisationen den Planeten früher verlassen, als die Prognose besagt.

Wir möchten, dass euer Planet wieder zu einem Paradies wird und seine Bevölkerung Frieden verspürt.

Es gibt nicht Schöneres, als Frieden im Herzen zu tragen und ihn mit den Mitgliedern der kosmischen Familie zu teilen. Auch unsere Zivilisation ist durch eine Zeit der Finsternis gegangen, aber das Licht hat schließlich gesiegt, und dadurch haben sich uns die Dimensionen des Friedens, der Liebe und des unendlichen kosmischen Wissens eröffnet.

Wir leben jetzt in der siebten Bewusstseinsebene, und unser Ziel ist es, noch höher zu steigen, in die Dimension der unendlichen und bedingungslosen Liebe des Universums und der göttlichen Energie. *In die dreizehnte Dimension.*

Wir haben noch einige Bewusstseinsanhebungen vor uns, aber wir wissen, dass wir nun in unserem Tempo aufsteigen können und dass uns keine Gefahr mehr droht. Unsere Zivilisation ist so durchleuchtet und von allen negativen Feldern abgetrennt, sie hat so viel Negatives transformiert, dass wir sagen können, wir leben in Harmonie und Frieden.

Es war auch für uns kein einfacher Weg, aber wir wissen, dass wir dabei auf allen Ebenen unseres Seins gesiegt haben und nicht mehr zurückfallen können.

Unsere Liebsten, die auf anderen Heimatplaneten siedeln, und wir besuchen uns gegenseitig. Die Entfernung stellt für uns kein Problem dar. Im Gegenteil. Wir nutzen die Gravitationskräfte und die energetischen und magnetischen Elemente unserer Galaxis.

Wir wünschen euch viel Ausdauer und Mut bei euer Arbeit und eurer Mission auf dem Planeten Erde. Oft wird eure Inkarnation hier als gefährlicher »Ausflug« betrachtet. Aber ohne euch helle Personen geschehen keine Veränderungen auf eurer Welt – ohne euch könnte sich eure Welt nicht zum Vorteil entwickeln.

Ihr seid Gesandte eurer kosmischen Familien, und diese Worte sollen euch Kraft schenken!

ORELLA
Frieden mit euch,
Frieden mit uns.

9

Kosmische Christusenergie und die Inkarnation Seiner Strahlen auf den Planeten Erde

Die meisten Mitglieder eurer Gesellschaft erwarten von dieser Zeit nur das Schlimmste, und viele menschliche Einzelwesen eurer Erdkugel sehnen sich nach einem Messias, der sie vom inneren Unglück befreit und auf einen anderen Lebenspfad führt.

Unmengen von Bewohnern der Erde weisen die Verantwortung von sich und geben sie einfach an andere in ihrer Umgebung ab. Sie versuchen, sich aus dieser ungemütlichen Situation herauszunehmen und wollen, genau genommen, einfach nichts »damit« zu tun haben.

Sie sind sich nicht bewusst, dass jeder Einzelne eigenverantwortlich ist und ein Teil vom großen Ganzen, ein unentbehrlicher und unverzichtbarer Teil.

Jeder von ihnen und jeder von euch ist ein Individuum, das Impulse setzen und durch sein positives Handeln in einer Kettenreaktion weitere Einzelwesen zu weiteren Impulsen und Taten veranlassen kann.

Ihr, die *bewussten* Individuen, wisst, worum es geht, aber der größere Teil der Bevölkerung ist immer noch passiv und empfängt die Informationen und Impulse, die ihnen helfen würde, den gesamten Lebensweg zu verbessern, einfach nicht. Ihnen ist nicht bewusst, dass jeder bei sich selbst anfangen und durch sein Handeln ein Beispiel setzen sollte.

Nur das eigene Handeln zeigt, was alles für den Einzelnen möglich ist. *Nur das eigene Handeln.*

Aus unseren vorangegangenen Informationen wisst ihr, dass viele Bewohner nach wie vor verblendet sind. Sinne und Wahrnehmung wurden ihnen buchstäblich genommen. Deshalb ist es auch so schwierig für sie, neue Informationen zu empfangen oder die Welt aus einer anderen Perspektive zu betrachten. Solchen menschlichen Wesen helfen wir, wie wir bereits mitgeteilt haben, durch das Übertragen von Lichtfrequenzen, die wir ununterbrochen auf den Planeten Erde aussenden – und jeder von euch hat die Möglichkeit, sich mit diesen Frequenzen zu verbinden. *Jeder.*

Die Zeit und der Raum, in denen ihr euch befindet, sind ausgesprochen bedeutsam. Aber sie sind auch energetisch anspruchsvoll. Es geht um das Überwinden von Hindernissen. Die Schwere führt euch zu positiven Ergebnissen und ganzheitlicher Erleichterung. Sie führt euch zur Harmonisierung von Körper und Geist und damit in eine höhere Bewusstseinsdimension.

Die Zeit, in der ihr lebt, ist äußerst wichtig. Ihr tendiert gerade alle dazu, Geschichte zu schreiben, selbst wenn viele von euch auf Hilfe »von oben« warten oder auf die Erlösung.

Genau so war es in der Zeit, als sich die Christusenergie manifestiert hat, die Kraft dieser außerordentlichen kosmischen Frequenz. Sie manifestierte sich in einer Person, die ihr Jesus Christus genannt habt. Dieser Mensch, der auf eurem Planeten nur 33 Jahre lebte und in die Geschichte eingegangen ist, hat euch Glauben und eben diese kosmische Energie gebracht. Sein kurzes Handeln hat euch eine Kraft und Zuversicht geschenkt, die die menschliche Gesellschaft seitdem von Generation zu Generation weitergibt – einschließlich der Überzeugung, dass der Messias wieder auf den Planeten Erde zurückkehren und mit seiner Standhaftigkeit und Ausdauer die menschliche Gemeinschaft retten wird.

Viele von euch halten Seancen ab oder führen Rituale durch, mit denen sie versuchen, Jesus Christus zurück auf die Erde zu holen und zu einer neuen Inkarnation zu bewegen. Dabei trägt jeder von euch die Christusenergie in sich, und jeder von euch ist mit Seinem kosmischen Strahl verbunden. Deshalb fühlt ihr Seine reine Essenz in euch, und ihr versteht, dass ihr euch durch die Verstärkung der kosmischen Christusenergie an die Kraft eurer Galaxis anbinden und dadurch die Frequenz auf allen euren irdischen Ebenen anheben würdet.

Ja, die Kraft Christi ist in jedem von euch. Die Kraft und der Name Christi wurde durch die dunklen Mächte missbraucht, und die Kraft Seines mächtigen Strahls wurde in kirchliche Regeln gezwängt und euer Geist in die Versklavung gezwungen. Sie, die dunklen Mächte, haben eure Gedanken gebändigt und euch die Illusion des Leids gegeben, die Illusion von Leid und Unglück. Sie haben euch in die Illusion getrieben, dass ihr allein durch Leid Erleuchtung erzielen könnt. *Wie absurd.* Euer Geist und eure Gedanken sind frei, und keine Institution auf der Welt hat das Recht, euren Geist zu fesseln oder zu versklaven.

Eure Seele und die Essenz eurer Seele kommen aus diesem Christusstrahl, der untrennbar mit der Energie des Schöpfergottes verbunden ist!

Es ist egal, wie ihr euren Gott nennt, es ist egal, welcher Nation ihr angehört, JEDER trägt die Kraft Christi in euch. ER hat die Essenz eurer Seele durchleuchtet, bevor ihr angefangen habt zu inkarnieren – gleichwohl auf welchem Planeten.

∞

Der Kosmische Rat und seine Mitglieder haben in dieser Zeit eine außergewöhnliche und wichtige Funktion inne. Der Kosmische Rat, bestehend aus Mitgliedern verschiedenster kosmischer Verbände und Planeten eurer Galaxis, steht vor einer ganz außerordentlichen Entscheidung. Er steht vor einer Entscheidung, die in die Geschichte der Menschheit eingehen wird. Es wird die bestmögliche Lösung besprochen, wie »Erlösung« erfolgen kann – wie er euch bei der Entwicklung eurer menschlichen Zivilisation am besten helfen kann.

Der Kosmische Rat steht vor der Entscheidung, auf den Planeten Erde Personen zu »schicken«, die die vollkommene Christusenergie in sich tragen. Man könnte also sagen, dass es wieder zur Geburt Jesu Christi kommen wird!

Dem kosmischen Rat ist jedoch klar, dass eine einzige auf den Planeten Erde gesandte Person in dieser schwierigen, dunklen Zeit nicht in der Lage sein wird, den Planeten zu durchleuchten. Deshalb steht er vor der Entscheidung, auf jeden Kontinent mehrere Personen zu entsenden, die die Energie Jesu *gemeinsam* aufrechterhalten werden.

Es werden gerade Personen ausgewählt, die in der Lage sein werden, diese Energie in sich zu tragen, die dafür geeignet sind, vollkommen an die geistige Kraft Jesu Christi angebunden zu werden. Es wird darüber entschieden, ob diese Personen erst auf klassische Weise inkarnieren sollen oder ob dieses Wissen und diese Kraft Jesu auf bereits inkarnierte Personen übertragen werden kann – auf Personen, die schon so rein und durchleuchtet sind, dass sie Seine kosmische Kraft in sich halten können.

Voraussichtlich wird es 21 Personen geben, die die Frequenz eurer Bevölkerung und der Erde so sehr anheben, dass es möglich sein wird, die erwähnte nicht erleuchtete Masse der Bevölkerung zu durchleuchten und ihr Impulse zu geben, die ihre Chance erhöht, ihre Seele selbst zu durchleuchten und ihre dunklen Programme zu transformieren.

Viele eurer Propheten haben diese Visionen über die Wiedergeburt Christi bereits vorhergesagt. Viele bereiten sich schon auf Sein Kommen vor und erwarten, dass sich diese dunkle Zeit erhellt und die Menschheit wieder in ihre ursprüngliche Kraft kommt.

Durch die Ankunft der verstärkten Christusenergie gelangt ihr zu *mehr* Kraft und erhöht euer Wissen und durchleuchtet eure menschliche Seele gleich um mehrere Stufen. Wir glauben fest daran, dass der kosmische Rat diese Maßnahme schon bald ergreifen und das Licht in euren Seelen sich mit Blitzgeschwindigkeit vervielfachen wird.

Die neuen menschlichen Wesen, die in diese Zeit geboren werden, sind automatisch an die Kraft der kosmischen Christusenergie angebunden – und sie werden die Lichtfrequenz an ihre Eltern und ihre ganze Familie weitergeben. Es werden Kinder der neuen Generation sein, die man als »Kosmische Kinder« bezeichnen wird.

Nach der Generation der Indigo-, Kristall- und Regenbogenkinder kommt jetzt die Generation der Kosmischen Kinder, die euch große Hilfe bringt.

Die Seelen dieser Kinder stammen aus den unterschiedlichsten Räumen und von den verschiedensten Planeten eurer Galaxis, und sie alle eint, dass sie bereits erleuchtet sind und die kosmische Christusenergie in sich tragen.

Viele dieser Seelen haben sich schon auf der Erde inkarniert und helfen in ihrem frühen Kindesalter dabei, mit ihrem Licht die kosmische Kraft zu verbreiten.

Die neue Generation bringt euch große Hilfe. Sie bringt euch Erleichterung und das Wissen des Kosmos. Diesen Kindern ist absolut klar, warum sie auf den Planeten gekommen sind – und gleichzeitig richten sie sich nach den Gesetzen der Natur und des Kosmos. Meistens werden sie in Familien hineingeboren, die sie auf ihrem Lebensweg unterstützen können, und so ist die problemlose Durchführung ihrer Aufgaben, für die sie auf den Planeten Erde gekommen sind, gesichert.

∞

Die Zeit, in der ihr euch befindet, ist energetisch zwar anspruchsvoll, aber gleichzeitig auch magisch und voller Wunder. Vielen Generationen vor euch war es nicht möglich, diese bedeutende Zeit zu erleben, und der Großteil der menschlichen Wesen war durch Gedanken von Angst, Leid, Unglück und Hoffnungslosigkeit gefangen.

Es war ihnen nicht möglich, ihren Horizont zu erweitern, und so konnte man sie manipulieren.

Doch das Licht und das kosmische Wissen nehmen immer mehr zu. Ihr könnt diese bedeutende Epoche und die weitere evolutionäre Entwicklung der Seele jetzt selbst miterleben. Es ist eine Entwicklung, die das Seelisch-spirituelle und das Stärken der Verbindung mit dem kosmischen Wissen betrifft.

Die gesamte Geschichte, die ihr auf diesem Planeten erlebt habt, die Geschichte der Menschheit, beruht auf drei wichtigen zeitlichen und historischen Meilensteinen. Es sind dies die Ära von Atlantis, des Weiteren die Inkarnation von Jesus Christus und letzten Endes die jetzige, gegenwärtige Zeit – allesamt über alle Maßen bedeutsam.

Ihr habt das Privileg, heute zu leben und in *dieser* Zeit positiv zu wirken. Und deshalb beginnt bei euch selbst und seid euch über die Wichtigkeit eurer gegenwärtigen Situation im Klaren. Gebt die Verantwortung nicht an andere ab, sondern fangt an, jetzt und in diesem Raum zu handeln. Reinigt eure Herzen und verbindet euch mit der reinen kosmischen Energie – *und* mit der Christusenergie. Helft euren menschlichen Kollegen durch eure Reinheit und Energie, die Zügel der Angst, des Unglücks und des Leids loszulassen. Durch euer reines Herz werden die unreinen kirchlichen Gesetze der Versklavung von menschlichen Seelen *automatisch* transformiert!

Es ist so einfach. Es genügt, es zu wollen und sich der Komplexität eurer schwerwiegenden Situation bewusst zu sein.

Helft mit eurer Kraft schon jetzt der Generation der Kosmischen Kinder, die bereits inkarniert sind, und denen, die sich gerade auf die Inkarnation vorbereiten. Sie haben einen genauen Plan und werden durch ihre kosmische Familie zu eurer Rettung auf euren Planeten gesandt, zu eurer Hilfe und – wenn ihr es so nennen wollt – auch zu eurer Erlösung. Dazu ist aber auch die Kraft von euch allen notwendig, und es ist nötig, eure Kraft untereinander zu verbreiten.

Diese verbreitete Kraft wird sich vervielfachen und an die Kraft eurer kosmischen Familien und ursprünglichen Heimatplaneten anbinden.

Wir werden euch in diesem Prozess unterstützen und begleiten. Vergesst nicht, euch an uns zu wenden. Durch eure reine Absicht bewirkt ihr Wunder!

Wunder einer neuen positiven Zukunft und Wunder, die ihr in der Tiefe eurer Seele spüren werdet!

10

Kosmische Kinder – eine neue Generation

Wir möchten euch noch ein paar wichtige Worte zu euren neuen und nachfolgenden Generationen mitteilen: Es sind eure Kinder. Helft euren irdischen Kinder, so gut ihr könnt. Unterstützt sie auf ihrem Weg. Mit ihrer Hilfe hat euer Planet eine Chance, gesund zu werden!

Unterstützt diese Kinder energetisch und reinigt sie von negativen energetischen Belastungen. Gerade Kinder, die mit der Aufgabe gekommen sind, euren Planeten zu retten, »strahlen« und werden momentan bevorzugt durch die dunklen Mächte angegriffen. Die kosmischen Kinder, die von anderen Planeten auf die Erde gekommen sind, sind sehr sensitiv und anfällig für irdische Einflüsse. Das sollte euch bitte bewusst sein.

Kosmische Kinder wurden ungefähr ab dem Jahr 2012 geboren, und es kommen noch mehr von ihnen auf den Planeten, damit sie euch in dieser Zeit energetisch und global helfen. Wie wir bereits mitgeteilt haben, werden sie in Familien geboren, in denen sie ihren kosmischen Plan voll ausleben können. Sie werden *nicht* in Familien geboren, in denen ihr Plan von verschiedenen Familiendramen durchkreuzt werden würde.

Die Eltern, denen ein solches Kind geboren wird, werden gleich von Anfang an zweifelsfrei intuitiv wissen, dass ihr Kind ein »lichtvolles« Kind ist.

Diese Kinder kann man leicht erkennen. Ihr Blick ist sehr tief, und sie sind in der Lage, mit ihrem Blick zu heilen, eure Gedanken zu reinigen und telepathisch mit euch zu sprechen. Ihre Aufgabe auf dem Planeten Erde ist ihnen vollkommen klar. Es geht immer um die Rettung der Natur oder der menschlichen Rasse, egal auf welche Art oder Weise.

Die Eltern solcher Kosmischen Kinder werden intuitiv durch ihr Kind geführt, damit sie noch mehr zum Wohle der Gemeinschaft handeln. Den Eltern sollte auch bewusst sein, dass sich um ihr Kind herum ständig seine kosmische Familie aufhält. Die kosmische Familie dient dem Schutz dieses Kindes. Dabei wird das Kind aus der Dimension seines Heimatplaneten heraus unterstützt. Außerdem ist es von einer großen Anzahl Engelwesen umgeben, damit der kosmische Plan *garantiert* durchgeführt werden kann.

Bereits beim Herabkommen des Kindes auf den Planeten Erde wird den Eltern klar sein, dass dieses Kosmische Kind etwas Außergewöhnliches ist. Die meisten dieser Kinder bringen ihre heilerischen Fähigkeiten mit, und sie werden schon in jungen Jahren fähig sein, ihre Liebsten mit ihren Händen, ihrem Herzen oder mit ihren Augen zu heilen.

Diese Kinder bleiben während der ganzen Zeit auf der Erde an die Kraft ihres Heimatplaneten und ihrer Familie angebunden.

Obwohl sie lichtvolle und außergewöhnliche Kinder sind, bleiben sie doch Kinder in einem menschlichen Körper – erwartet also nicht, dass sich die kosmischen Kinder wie Erwachsene verhalten. Es sind Kinder in einem menschlichen Körper mit einem fröhlichen und freundlichen Gemüt!

Wie wir euch bereits mitgeteilt haben, sind diese lichtvollen Kosmischen Kinder eine Zielscheibe für die dunklen

Mächte, die sich noch eine gewisse Zeit lang auf dem Planeten Erde befinden werden. Beschützt und durchleuchtet diese Kinder deshalb, so gut ihr könnt.

Befreit sie täglich von dunklen Elementen und reinigt ihren Körper und ihre Seele mit Licht. Bittet ihre kosmische Familie und die Engelwesen, die sich um sie herum befinden, um Unterstützung. Sie wird euch gewährt!

Spätestens in einem Alter, in dem euer Kind in bestimmte Einrichtungen kommt, eine Kinderkrippe etwa oder einen Kindergarten, wird es eure tägliche energetische Unterstützung brauchen, bis es in der Lage sein wird, die »Gefahren« des irdischen Lebens selbst zu erkennen und sich selbst energetisch zu reinigen.

Kosmische Kinder *strahlen* – und ihr Licht könnte auch Seelen von irdischen menschlichen Wesen anziehen, die nicht den Weg ins Licht gefunden haben. Wenn ihr das Gefühl habt, dass sich in der Nähe eures Kindes oder in eurer Nähe Seelen aufhalten, erzeugt eine Lichtsäule und eine Pyramide für sie und helft ihnen hinauf ins Licht. (Siehe dazu auch das Kapitel *Eine gesunde Lebensweise – Schutz vor den dunklen Mächten.*)

Die meisten Kosmischen Kinder lehnen es bereits von klein auf ab, ähnlich wie seinerzeit die Kristallkinder, Fleisch oder etwas anderes, was ihrem Körper nicht gut tut, zu essen. Bringt deshalb euren Kindern früh bei, gesund zu essen, und gewöhnt ihnen keinen Zucker und andere Lockmittel der menschlichen Gesellschaft an. Kosmische Kinder sind körperlich anfälliger für jegliche chemische Präparate und ungesunde Ernährung.

Leider sind die meisten dieser Kinder in ihrer körperlichen Konstitution nicht sonderlich robust und müssen sich an ihr Leben auf dem Planeten Erde erst akklimatisieren. Ihre lichtvolle Seele hat einen menschlichen Körper bekommen, und an den müssen sie sich erst einmal gewöhnen.

Diese Kinder sind zum ersten Mal auf dem Planeten Erde. Die meisten werden schon in frühem Alter Informationen ihrer erwachsenen kosmischen Familien weitergeben und auf diese Weise zu vielen Errungenschaften der menschlichen Gemeinschaft beitragen. Sie werden kosmisches Wissen in der Gemeinschaft verbreiten!

Kosmische Kinder erkennen sich augenblicklich intuitiv frequenzmäßig untereinander, und wenn sie die Möglichkeit haben, sich öfter zu treffen, werden sie zu unzertrennlichen Freunden. Allein durch ihre Anwesenheit werden sie sich gegenseitig frequenzmäßig helfen und dadurch auch harmonisieren.

Die Eltern dieser Kinder erhalten ein echtes Privileg. Sie werden ein Kind großziehen können, das sie auf allen Ebenen heilen wird, und sie erhalten von ihrem Kind Informationen und Impulse, die sie sonst erst nach jahrelanger Bewusstseinsarbeit bekommen würden.

Untereinander werden die Kosmischen Kinder die Christusenergie verbreiten, die für eure Erde so dringend notwendig ist. Sie werden bewusst und unbewusst miteinander verbunden sein, diese Energie an euch weitergeben, und ihre reine Herzenergie wird euch durchstrahlen und euer aller Herzen unterstützen.

Der Kosmische Rat hat eine große Anzahl an Varianten geplant, um eurem Planeten und euch selbst zu helfen. Eure unentwegten Bemühungen um eine bessere Zukunft werden belohnt, und sie wird sich positiv entwickeln – auch dank der Kosmischen Kinder.

Als »Vertreter« des Kosmischen Rates in einem menschlichen Körper auf dem Planeten Erde haben sie keine leichte Aufgabe übernommen, werden sie aber mit Freude im Herzen erfüllen. Ein oder zwei irdische Leben durchleben die meisten Kosmischen Kinder hier, bevor sie dann zu ihrer ursprünglichen kosmischen Familie zurückkehren.

Wir schätzen, dass grundlegende Veränderungen auf eurem Planeten voraussichtlich eben in der Zeitspanne von zwei menschlichen Generationen vonstatten gehen werden. Danach wird es endlich soweit sein, und es wird die Zeit des »Goldenen Zeitalters« anbrechen. Eine Zeit, in der es euch möglich sein wird, die Schönheit und Behaglichkeit dieses wunderschönen Planeten zu genießen.

Eure weiteren Inkarnationen werden dann immer weniger anstrengend sein. Eure Seele wird erleichtert sein und die Belastungen loslassen, die sie in sich und um sich herum trägt.

Die Kosmischen Kinder werden sehr stark von uns unterstützt. Wir stärken ihre Frequenz und verbinden sie täglich mit der Liebe des Universums, damit ihre Kraft, ihre Liebe und ihr Licht nicht an Intensität verlieren.

Unser Wunsch ist es, dass diese Kinder nach der Beendigung ihrer irdischen Inkarnation mit genau so viel oder mehr Licht nach »Hause« zurückkehren wie der Menge, mit der sie auf die Erde gekommen sind.

∞

Schickt diesen wunderschönen kosmischen Wesen nun gemeinsam mit uns die Liebe, den Segen und das Licht des Universums.

Wir danken den Kindern, die bereits inkarniert sind, und den Kindern, die sich noch auf die Inkarnation vorbereiten, von ganzem Herzen. Sie haben eine schwierige Aufgabe auf sich genommen. Dabei werden sie vom göttlichen Wissen begleitet und zweifeln nicht an ihrem Plan auf dem Planeten Erde.

Sie haben sich auf ihre Aufgabe hier gewissenhaft vorbereitet. Es wurden auch lange Beratungen des Kosmischen Rats abgehalten, wie man sie am besten für die Inkarnation vorbereiten sollte. Jedes Kind hat eine bestimmte Aufgabe erhalten, die es auf der Erde erfüllen und bis zum erfolgreichen Ende durchführen wird.

Und das deswegen, weil der Kosmische Rat die menschliche Rasse liebt und ihr helfen will, ihre Stabilität zu erhalten und positive Schritte für die Entwicklung der menschlichen Gemeinschaft zu entfalten.

Wir danken den kosmischen Seelen für ihre Liebe, ihr Wissen und ihre Hingabe!

Wir danken allen menschlichen irdischen Kindern, die momentan auf dem Planeten Erde inkarnieren. Auch sie haben eine große Kraft und die Liebe des Universums mitgebracht, damit sie ihre Aufgabe und ihren Aufenthalt auf diesem Planeten so sinnvoll wie möglich durchleben und hier Liebe und Licht verbreiten können.

Absolut allen Seelen, die sich momentan inkarnieren, sprechen wir unseren Dank aus, weil es euch allen durch eure Anwesenheit gelingt, das Positive auf der ganzen Welt zu verbreiten. Ihr werdet die Kraft und Schönheit eurer Heimatgalaxis fühlen können!

11

Kinder mit Behinderung und Kinder, die frühzeitig euren Planeten verlassen haben

Häufig fragt ihr Menschen euch, was für einen Sinn es hat, wenn ein Kind mit einer Behinderung auf die Welt kommt. Ihr habt das Gefühl, dass dieses Kind leidet, aber vor allem, dass seine Eltern leiden. Ihr fragt euch, wo die Gerechtigkeit bleibt, wenn scheinbar ausgeglichene Eltern ein Baby mit Behinderung bekommen und sie in einen Lebensstil hineingeworfen werden, den sie sich vor der Geburt des Kindes nicht einmal in ihren kühnsten Träumen hätten vorstellen können.

Es erscheint euch nur tragisch: Die Umstände haben diese Menschen gezwungen, ein Leben zu führen, das ihre Seelen und ihr Lebensplan anscheinend gebraucht haben …

Aber Kinder mit Behinderung haben in der Familie eine der größten Aufgaben – und zwar die, Liebe in den Herzen zu wecken. Eine Liebe, die die Eltern fühlen und die sie in einem bestimmten Augenblick auch *erleben* sollten.

Und außerdem: Kinder mit Behinderung bleiben selbst als Erwachsene Kinder. Das erklären wir euch gern ...

Die Seele eines jeden Menschen besteht aus 21 Elementen. Diese Elemente kommen nach und nach aus der Dimension der Ewigkeit, wo der Mensch vor der Geburt war, zu ihm. Sie kommen im Laufe seiner irdischen Inkarnation zu ihm, genau so, wie es notwendig ist. Sicher habt ihr erlebt, dass eure Kinder im Alter von ungefähr 3, 6 bis 7, 13 bis 15 Jahren durch stark emotionale Zeiten gehen, wenn ihre Seele sich stark entwickelt und mit allen übrigen Aspekten verbindet. Zwischen 21 bis 25 Jahren wird die Seele des irdischen Menschen dann *ganz*. In der Dimension der Ewigkeit bleibt nur noch sein Höheres Ich, das der Seele auf der Erde Weisungen gibt, sie führt und an ihre Lebensaufgabe erinnert.

Kinder mit Behinderung verbinden sich nur mit einer bestimmten Anzahl an Elementen ihrer Seele, und ihre Seele ist somit *nicht* ganz. Kinder mit Behinderung haben über die komplette Zeit ihres irdischen Lebens hinweg die Seele eines Kindes. Und was bedeutet das?

Sie entfachen in ihren Eltern und den ihnen Nahestehenden eine Liebe, die diese sonst nicht kennen lernen könnten. Die Eltern haben oft unverarbeitete karmische Themen aus vergangenen Leben, und so ist es notwendig, ihre Herzen durch das Herz des Kindes mit Behinderung, durch das die Liebe Gottes geht, zu heilen.

Häufig programmieren sich solche Eltern durch das Leben mit einem Kind mit Behinderung positiv um, und so nehmen sie nichts Negatives mehr in die nächste Inkarnation mit.

Eine weitere große Aufgabe der Eltern ist es, nicht zu verbittern und sich nicht über das aktuelle Leben zu beschweren. Das würde nur negative Reaktionen anziehen, und dann könnte die nächste Inkarnation ähnlich ausfallen. Das ist Sucht – die Sucht nach dem immer Gleichen. Stellt an diese Stelle die Liebe. Sucht im Zusammenleben mit einem behinderten Kind die *Liebe* … Das Universum wird euch belohnen.

Eltern von Kindern mit Behinderung und vor allem von denjenigen, die wegen ihrer physischen Trägheit bettlägerig oder an einen Rollstuhl gebunden sind, machen sich riesige Sorgen darüber, wie sich ihr Kind fühlt. Sie machen sich *ständig* Vorwürfe, dass sie ein behindertes Kind zur Welt gebracht haben – und dadurch leidet ihr Kind. Sie haben Angst, dass ihr Kind sich dafür hasst, und sie machen sich auch Sorgen darüber, dass sie in irgendeiner Hinsicht möglicherweise einen Fehler begangen haben.

Wir können euch dazu nur Eines mitteilen.

Die Familienkonstellation, in der ihr euch befindet, hat sich jeder Einzelne von euch selbst ausgesucht. *Jeder Einzelne.* Das bedeutet, dass es nicht notwendig ist, sich Vorwürfe zu machen, und es ist auch nicht notwendig, über sein Schicksal zu lamentieren. Ihr sollt einfach nur alle aus dieser Konstellation etwas lernen und mit reinem Herzen und mit Liebe im Herzen aus dieser Konstellation wieder herausgehen.

Wir meinen damit *alle* Familienkonstellationen. Gesunde und nicht gesunde.

Zur Erleichterung aller Eltern mit behinderten Kindern dürfen wir mitteilen, dass eure Kinder beim Herabkommen auf die Erde eine vermehrte Anzahl an Engelwesen erhalten haben, damit sie hier nicht »allein« sind.

Viele Kinder mit Behinderung haben nicht das Geschenk der Sprache empfangen und verständigen sich einzig telepathisch. Deshalb wurden ihnen Lichtwesen zur Verfügung gestellt, die sie begleiten und ihnen Gesellschaft leisten.

Auch wenn es vielen Eltern vielleicht so vorkommt, als würde sich ihr Kind einsam fühlen, ist es doch von vielen Engeln umgeben, die sich mit ihm beschäftigen und ihm immerzu das Gefühl der Ganzheit und Verbundenheit mit der Außenwelt und den Menschen zukommen lassen. Kinder mit Behinderung stehen mit der Außenwelt erheblich mehr in Kontakt, als ihr denkt. Und sie haben auch im Erwachsenenalter die Seele eines Kindes!

Wir möchten auch die Eltern verstorbener Kinder beruhigen und ihnen Erleichterung bringen.

Für menschliche Wesen gibt es wohl nichts Schlimmeres, als das eigene Kind zu verlieren und es zu überleben. Irdische Wesen sind immer noch an ihre irdischen Emotionen gebunden, und deshalb möchten wir all diese Eltern hiermit beruhigen. Falls euer Kind also einen tödlichen Unfall oder eine Krankheit erleiden musste und ihr das Gefühl habt, dass es beim Fortgang in die himmlischen Sphären gelitten hat, so können wir euch zumindest ein wenig besänftigen und euch einen Teil eures Leids nehmen …

Jedes menschliche Wesen, das weiß, dass sein Leben »am seidenen Faden hängt«, wird durch die Lichtwelt auf seinen Fortgang vorbereitet.

Bei tödlichen Unfällen, Krankheiten oder anderen brutalen Umständen, durch die euer Kind ums Leben gekommen ist, wurden Teile der Seele, die für die Wahrnehmung von Schmerz und schwierigen Umständen zuständig sind, in die Lichtwelt gerufen. Das bedeutet, dass sich das Kind nicht voll über den Fortgang oder die Schmerzen beim Übergang in die Lichtwelt bewusst ist. Es nimmt seine Lichtwesen und Engel wahr, die ihm dabei helfen, den menschlichen Körper psychisch und physisch abzustreifen.

Euer Kind hat, egal auf welche Art es gestorben ist, beim Übergang vom Zustand des Lebens in den Zustand des Nicht-Lebens *nicht* gelitten. Kinder, die beispielsweise bei einem Mord oder einer Vergewaltigung gestorben sind, haben ihre Seele aus ihrem Körper steigen lassen und die schrecklichen Taten, die an ihnen verübt worden sind, *nicht* gespürt.

So ist es durch die Lichtwelt eingerichtet, damit den irdischen Wesen geholfen wird.

Nach dem Eintreten in die himmlischen, heimischen Sphären umgibt zudem eine riesige Anzahl Lichtwesen und Engel euer Kind. Eure Familie, die sich momentan im Licht befindet, wacht ebenfalls über das Kind und ist immerzu in seiner Nähe. Das Kind ist mit der göttlichen Liebe verbunden und fühlt sich nicht allein.

In der Dimension der Ewigkeit existieren Zeit und Raum nicht, und so weiß euer Kind, dass es euch »in einem Augenblick« wieder begegnet. Der Seele eures Kindes geht es sehr gut, und es wird sich mehr als nur gut um diese Seele gekümmert – um dieses Kind.

Alles, was in eurem Leben geschieht, hat einen tieferen Sinn. Tiefer, als ihr denkt.

Bitte verzweifelt nicht über den Verlust eures Kindes. Und wenn seine Inkarnation noch so kurz war, hatte sie doch einen tieferen Sinn. Sie ist von euch allen gemeinsam geplant worden. Vielleicht hat euer Kind eine gewisse Zeit auf dem Planeten Erde leben müssen, um sich von den Fesseln irdischer Negativität zu befreien? Vielleicht sollte es euch auch zeigen, dass der Mensch selbst nach erlebtem Unglück dem Leben dankbar sein darf und dass er auf anderen Ebenen weiterhin Glück erfährt. Seid nicht verbittert.

Ihr schadet euch damit nur selbst und hindert euer Kind am Aufstieg in himmlische Gefilde. Es kann sich dadurch nicht von irdischen Dimensionen lösen. Dann erlebt es nicht von ganzem Herzen die Liebe und Schönheit der heimischen, himmlischen Sphären.

Außerdem machen sich Frauen, die während der Schwangerschaft ihr Kind verloren haben, sei es auf natürlichem oder unnatürlichem Weg, oft ihr Leben lang Vorwürfe und empfinden ihr Leben nicht als vollwertig. Sie übertragen ihre Trauer auf ihre später geborenen Kinder, und die ganze Familie ist in einen Schleier ständiger Trauer gehüllt.

Die meisten Kinder, die sich während der Schwangerschaft verabschiedet haben, brauchten nur einen kleinen Teil der Inkarnation auf der Erde. Bei der vereinbarten Mutter konnte es seine Aufgabe verarbeiten und ist dann nach Hause zurückgekehrt, ohne dass es in einen menschlichen Körper geboren werden *musste*. Es musste nicht *geboren* werden. Es gehörte zur Vereinbarung mit der Familie, dass es *nicht* geboren wird.

Mütter, die absichtlich die Schwangerschaft abgebrochen haben, leiden oft ebenfalls lange.

Wir können euch nur eines raten: Verabschiedet euch von eurem Kind, bittet es um Vergebung und bedankt euch bei ihm für seine Anwesenheit, und sei sie noch so kurz gewesen. Die Seele des Kindes hat volles Verständnis für eure Entscheidung. Seine Seele ist ewig, und es ist kein Problem für dieses Kind, in einem anderen Raum und einer anderen Zeit zu inkarnieren. Möglicherweise inkarniert es in einem günstigen Augenblick wieder in euch, seiner früheren Mutter, oder im Schoß eurer Familie.

Baut dem Kind in eurem Haus einen kleinen Altar, wo es sich fortwährend geehrt fühlen kann. Dann wird es spüren, dass es eure Nähe, eure Gegenwart nicht verloren hat.

Seid dankbar für euer irdisches Leben. Seid dankbar dafür, dass ihr es hier leben dürft. Nehmt Verluste als Ermutigung. Nehmt sie als Weckruf für weitere, neue und unbekannte Sphären des Lebens. Das bringt neue Motivation – und die bringt euch ungeahnte Erlebnisse, vor denen sich viele von euch nur zu leicht verschließen.

Wir wissen, dass der Verlust eines Kindes unbeschreiblich schmerzvoll ist. Dennoch seid ihr hier auf der Erde, um Liebe in den Herzen zu verbreiten. Nur so könnt ihr den anderen Bewohnern eures wunderschönen Planeten die Möglichkeit geben, diese Liebe zu erleben!

12

Die Liebe des Universums

Liebe ist das schönste göttliche Element. Wie viel wurde über die Liebe geschrieben, wie viele Bilder wurden gemalt, wie oft wurde und wird über die Liebe gesprochen.

Das Wort Liebe erweckt etwas in euch, was euch alle verbindet. Sie verbindet alle menschlichen Wesen und alle Wesen kosmischen oder anderen Ursprungs.

Liebe ist der stärkste und schönste göttliche Helfer.

Auf Liebe kann niemand verzichten. Wer keine Liebe zu sich selbst oder Liebe zum anderen erlebt, verkümmert körperlich und seelisch. Liebe verbindet euch untereinander, sie verbindet und nährt euch.

Zwischenmenschliche Liebe ist etwas Außergewöhnliches. Liebe zwischen Menschen kann oft schmerzhaft sein, weil viele menschliche Einzelwesen sich nicht selbst von ganzem Herzen lieben. Aber auch das lernt die menschliche Gesellschaft momentan und richtet sich mehr auf Selbstliebe aus, damit der Mensch dann, nachdem er sie gelebt hat, andere so lieben kann wie sich selbst.

Diese Zeit ist wichtig für das Erkennen von Liebe zu sich selbst und zum anderen. Es ist eine Zeit, in der die göttliche Liebe mithilfe des absoluten und ungefilterten kosmischen Lichts zu euch gelangen wird.

Nach dem Herabkommen der Christusenergie auf die Erde verstärken sich die Liebe des Universums und die Kraft des kosmischen Lichts jetzt. Dadurch erhält jeder Gelegenheit, sich an die bedingungslose Liebe des Universums anzubinden.

Liebe ist das erste und ursprüngliche Element der göttlichen Essenz.

Liebe ist allmächtig, in allen Aspekten unüberwindbar und eine durch und durch positive Kraft. Mit Liebe könnt ihr in jeder Hinsicht und unter jeglichen Umständen siegen.

Liebe bringt noch mehr Liebe in euer Leben. Sie durchzieht euer Herz und verbindet es mit anderen liebeerfüllten Wesen. Die Liebe wächst dadurch mit kosmischer Schnelligkeit an.

∞

Der Mangel an Liebe hat die menschliche Gesellschaft nicht wenige schwierige Zeiten durchleben lassen. Kriegszeiten sind von der Frequenz der Liebe sogar förmlich abgetrennt.

Und wo keine Liebe ist, ist auch kein Glück.

Jeder von euch sehnt sich nach einem Partner, der sie oder ihn liebt und den sie oder er ebenfalls von ganzem Herzen lieben kann. Liebe bereichert euer Leben, gibt ihm einen Sinn und lässt euch lebendig sein.

Jede Zelle eures Körpers sehnt sich nach der Liebe des Universums, und in Zeiten der Verliebtheit oder solchen, die einfach nur wunderschön sind, wenn ihr also Liebe erlebt, sind eure Zellen der vollkommenen Regeneration fähig. Ihre Frequenz erhöht sich, die Zellen übertragen untereinander Liebe, und ihr fühlt euch, als könntet ihr fliegen. Eure Emotionen und Gedanken sind dann so glücklich strahlend, dass es euch vorkommt, als wärt ihr direkt mit dem Kosmos verbunden, und ihr erlebt schwerelose Zustände.

So ähnlich fühlt sich ein Mensch in der himmlischen Dimension, wenn die Seele den Körper verlässt und die Möglichkeit hat, sich an die göttliche Liebe anzubinden, die unendlich ist. Unendlich und über alle Maßen hinaus schön.

Liebe verbindet alle Wesen und alle Lichtwesen. Liebe ist unüberwindbar.

Jeder von euch sehnt sich nach Liebe und möchte nicht vom Fluss der Liebe abgetrennt sein. Ihr fühlt instinktiv, dass Liebe die Frequenz des Lebens ist.

Zwischen menschlichen Individuen kann die Liebe intensiver sein als zwischen Wesen auf anderen Planeten. Das menschliche Individuum auf dem Planeten Erde kann Zustände der Liebe von ganzem Herzen erleben. Es erlebt seelische wie auch körperliche Liebe.

In der Verbindung zwischen Körper und Seele entsteht eine Frequenz der Liebe, die noch intensiver sein kann als »bloße« seelische Liebe. Seid euch dieses Privilegs bewusst, das ihr auf der Erde habt, und nutzt es positiv zu eurem Wohle.

Viele menschliche Seelen sind genau aus diesem Grund auf den Planeten Erde inkarniert: um irdische Liebe zwischen Partnern zu erleben, die etwas Außerordentliches und Heilsames ist, sofern die Liebe so »genutzt« wird, wie sie sollte.

Für uns ist es auch schön, die Ankunft eines Neugeborenen auf der Erde zu beobachten – die unermessliche Liebe und das Licht wahrzunehmen, mit denen das Kind von den Engelwesen und Lichtbegleitern auf der Erde willkommen geheißen wird. So unendlich und wunderschön ist diese Liebe, wenn die irdische Mutter zum ersten Mal ihr Kind an ihren Körper legt und ihre Berührung das Kind im Licht der Welt willkommen heißt.

Das ist unvergleichlich und magisch.

Mit der Ankunft des irdischen Kindes freut sich im wahrsten Sinne des Wortes das ganze Universum, und die zum Neugeborenen kommende göttliche Liebe verbindet sich mit den anderen Elementen der Liebe, die sich gerade um das Kind herum befinden. Sie verbindet sich weiter und weiter, und dadurch können bei der Ankunft des Kindes alle Anwesenden die göttliche Liebe erleben.

∞

Wir möchten euch mit diesen Worten an eure stärkste und positivste Kraft erinnern, die ihr alle in euch tragt, damit ihr sie neu aufleben lasst, falls ihr vergessen habt, was für unendliche Möglichkeiten euch zur Verfügung stehen.

Kehrt dafür zusammen mit uns und euren Engeln in die Zeit eurer Geburt zurück, verbindet euch wieder mit eurer ursprünglichen Frequenz der Liebe, die ihr aus der Dimension der Ewigkeit mitgebracht habt.

Diese Kraft, die ihr im Laufe eures Erdenlebens möglicherweise verloren habt, wächst wieder in euch. Ihr bindet euch an – und durch diese Anbindung verbindet ihr euch mit eurem höheren Ich, das ebenfalls in der Dimension der Ewigkeit siedelt. So werdet ihr besser und leichter nach eurem ursprünglichen Plan durch das Leben geführt.

Übung

Die folgende Übung dient der Anbindung an die reine Liebe der göttlichen Intelligenz bei deiner Geburt auf dem Planeten Erde. Wir wünschen dir viel Freude und Leichtigkeit bei der Durchführung.

Setze oder lege dich gemütlich hin.

Atme tief.

Verbinde dich mit deinem Herzen.

Durchleuchte dein Herz mit goldenem Licht.

Danach lasse das goldene Licht sich in deinem ganzen Körper verteilen.

Über deinen physischen Körper hinaus breitet sich dieses schöne göttliche Licht in deinem gesamten Energiekörper – in deiner Aura – aus.

Du strahlst jetzt wie eine Sonne, die Strahlen aus deinem Herzen reichen weit hinaus.

Sprich deinen Namen aus, dein Geburtsdatum und deinen Geburtsort. Werde dir der Kraft dieser Worte vollkommen bewusst. Du kehrst durch Raum und Zeit zu diesem magischen Augenblick zurück. Zu dem Augenblick deiner Ankunft auf dem Planeten Erde.

Du fühlst die Liebe deiner Mutter, die dir das Leben geschenkt hat. Du fühlst die Liebe der lichtvollen Engelwelt. Deine Lichthelfer, Engel, Verwandten, die ihr Zuhause gerade im Licht haben, kommen auf die Erde herab und begrüßen dich. Sie bewegen sich um dich herum, sie bewegen sich in deiner Nähe und freuen sich über dein Kommen auf die Erde. Sie segnen dich, und sie segnen dein Leben. Sie segnen deine Lebenslinie.

Blicke jetzt erneut auf deinen Körper, er strahlt immer noch in lichtvollen Sonnenstrahlen. Diese Strahlen verbinden sich mit dem Licht der Engel und Lichtwesen, die sich um deinen gerade geborenen Körper herum befinden. Nun bindest du dich mit deinem Herzen an die Schönheit und Reinheit deines geborenen kleinen Körpers an. An seine Kraft, an seine Reinheit und an die Frequenz der göttlichen, bedingungslosen Liebe.

Diese unendliche Liebe geht durch deinen jetzigen Körper, deine Seele und dein Herz. Du bist dadurch wieder an deine ursprüngliche Kraft und Essenz angebunden. Spüre diese Verbindung.

Deine Seele freut sich unbeschreiblich über diese Rückkehr und die Verbindung mit deiner ursprünglichen, ureigenen Essenz.

Bedanke dich bei deinen Engeln und Lichtwesen dafür, dass sie dir bewusst ermöglicht haben, dich an deine göttliche Essenz anzubinden.

Liebe verbindet uns und verbindet unsere Herzen untereinander.

Liebe mit dir, Liebe mit uns!

13

Gefallene Engel

Liebe Mitglieder der irdischen Sphäre!

Es grüßen euch die Gesandten des Kosmischen Rats der interplanetaren Systeme. Frieden sei mit euch, Frieden sei mit uns. Wie sehr es uns freut, dass ihr euch interessiert und unseren Ratschlägen folgt!

Wir sind zufrieden mit der Entwicklung eurer Gesamtsituation, auch wenn ihr manche Ereignisse als negativ oder belastend empfindet. Aber macht euch darüber keine Sorgen, bleibt in eurer Kraft und gebt Angst und negativen Emotionen keinen Raum in eurem Leben.

Wir, die Vertreter der plejadischen, orionschen, siriusschen und arcturianischen Gemeinschaft haben auch viele Ängste und Sorgen bezüglich der Zukunft erlebt.

Bei uns war die Situation noch dadurch erschwert, dass viele außerplanetarische Zivilisationen, die sich auf unseren Welten befanden, uns große Schwierigkeiten bereitet haben. Sie befanden sich auf unseren Welten. Auch auf eurer Erde befinden sich viele vor der Öffentlichkeit verborgene außerirdische Zivilisationen, und ein Großteil von ihnen wirkt nur sporadisch oder in nichtphysischer Form auf euch ein.

Wir standen mit ihnen in direkter Konfrontation! Das hat uns letztlich einen schnelleren Fortschritt in unserer geistigen Entwicklung gesichert und unseren positiven Willen gefestigt. Wir haben größtenteils positive Methoden und Techniken angewandt, damit sie unseren Planeten verlassen und unsere Bevölkerung in Harmonie und Frieden leben und sich entwickeln kann.

Am meisten hat uns unser Glaube an die mächtige Christuskraft geholfen, die – wie ihr wisst – ihren Ursprung und ihre unendliche Energie in der göttlichen Kraft und ihrer unendlichen Intelligenz hat.

Wer von euch die Kraft der Engelwesen, Lichtbegleiter und die Unmenge an friedliebenden, ätherischen Wesenheiten aus der Dimension Gottes gefühlt hat, kann bezeugen, dass ihre Kraft, Liebe und Hilfe mit keinem anderen Gefühl, das ihr im menschlichen Körper erleben könnt, vergleichbar ist. Vielleicht ist es gerade noch vergleichbar mit Zeiten des Verliebtseins, wenn ihr das Gefühl habt, dass der andere Mensch die Essenz seiner Seele mit der eurigen verschmolzen hat, oder wenn ihr euer neugeborenes Kind erstmals in Händen haltet, das so wehrlos und rein ist.

Die Reinheit der menschlichen Seelen von gerade geborenen Babies hat etwas von der Reinheit und Essenz der ätherischen Wesen, die sich in der Dimension des Lichts bewegen.

Ihre Liebe und Hingabe sind fest, stabil und unverwechselbar. Ihre Hilfe ist absolut rein und ohne irgendwelche Absichten. Sie ist einfach da, und es gibt keinen Zweifel daran.

∞

Engel sind eure treuesten Helfer. Engel begleiten euch schon seit der Zeit von Atlantis. Sie sind mit euch auf den Planeten Erde gekommen, um euch durch eure irdische Ära und eure persönliche Entwicklung zu leiten. Sie haben sehr schwierige Zeiten durchlebt, als die Spiritualität der menschlichen Gesellschaft sehr niedrig war. Die dunklen Mächte haben die menschliche Gesellschaft manipuliert, und dadurch haben die Menschen aufgehört, sich an die lichtvolle Hilfe der Engel zu wenden, und eine Zeit der Ohnmacht und der kirchlichen Vorherrschaft setzte ein.

Ja, die Engelwesen wurden genau wie ihr menschlichen Individuen durch die Gewalt der dunklen Mächte missbraucht.

Obwohl die Engelwesen zur Gruppe der ätherischen Wesenheiten gehören, die sich mit der 13. Bewusstseinsdimension verbinden, ist es den dunklen Mächten leider gelungen, die Gutmütigkeit der Engel und anderer Lichtwesen zu missbrauchen und zu manipulieren. Sie haben ihre göttliche Macht und Kraft missbraucht.

Vor allem das Volk der Anunnaki hat ihre Schönheit und Liebe missbraucht und sogar angefangen, die Engelwesen für ihre Zwecke auszunutzen. So ist es zur Inkarnation himmlischer Wesen in irdische Sphären gekommen, und das hatte vermischte Rassen aus Menschen, Anunnaki und Engeln zur Folge. Heute noch könnt ihr verschiedene Reliefs und Malereien auf der ganzen Welt sehen, die diese Ereignisse und hybriden Wesen abbilden.

Diese Wesen – zum Teil Engel und zum Teil Mensch – waren nicht in der Lage, sich an die irdischen Bedingungen anzupassen. Ihre liebevolle Energie hat sich mit der Kraft der Anunnaki vermischt, und ihr kennt diese Geschöpfe unter dem Namen Nefilim. Die Kreuzung Engel/Mensch führte dazu, dass die bisher durch die göttliche Intelligenz eingeführten Regeln absolut durcheinander gebracht wurden, und es kam zu verschiedenen historischen »Schnitzern«. Die Anunnaki haben diese Wesen als »Schachfiguren« verwendet und sie als ihre Götter ausgegeben, und die menschliche Gesellschaft hat es geglaubt. Die dunklen Mächte haben fast alle manipuliert, vor allem aber – eure Geschichte.

Diese halb engelartigen und sehr unglücklichen Wesen waren als »neuzeitliche« Götter ein bloßes Werkzeug für die Anunnaki.

Besonders in den Schriften der griechischen Mythologie könnt ihr sie finden, die unterschiedlichsten Wesen, halb Tier, halb Mensch. Ihr könnt über ihre Vielfalt nur staunen und euch wundern, woher sie eigentlich auf euren Planeten gekommen sind …

∞

Die Engel, die missbraucht wurden, kennt ihr unter dem Begriff »gefallene Engel«: seelisch und körperlich gebrochen. Es geht um Millionen gefallene, zerbrochene Engelseelen, die bis heute durch die schwere Energie der Anunnaki belastet sind. Bis heute benutzen sie sie für ihre Arbeit bei manipulativen Prozessen an eurer Bevölkerung.

Wir möchten diesen erleuchteten, diesen gefallenen Engeln gern helfen, und zwar mit eurer Hilfe. Wir möchten sie aus der Versklavung durch die Anunnaki erlösen und befreien, damit sie aus der Gefangenschaft wieder in ihre Heimat, in ihre göttliche 13. Dimension, emporfliegen können.

Es gibt Massen von ihnen, von diesen traurigen gefallenen Engeln, die versuchen, sich aus der Gefangenschaft zu befreien. Aber allein wird es ihnen nicht gelingen. Sie haben wenig Kraft und sind durch die Zeiten der schweren Inkarnationen erschöpft. Ihre Trauer ist so groß, dass wir, wann immer wir uns an das Feld dieser Wesen anbinden, eine unbeschreibliche Wehmut empfinden, und wir hören ihr Wehklagen und Weinen. Deshalb übergeben wir ihnen auch immer sofort eine große Menge positiver Energie.

Diese Engelwesen begleiten euch, wie wir bereits mitgeteilt haben, seit der Zeit von Atlantis. Sie sind mit der menschlichen Rasse und ihren Gesetzen eng verbunden. UND GENAU DAS hält sie »am Boden«. Sie sind nicht in der Lage, sich selbst zu helfen. Sie brauchen eure Kraft, eure Liebe und Entschlossenheit. Sie brauchen auch eure Vergebung, ohne die sie nicht in höhere Sphären gelangen können. Sie fühlen sich sehr einsam, obwohl sie keine Schuld trifft. Sie wurden manipuliert. Sie brauchen euer Verständnis.

Indem ihr den gefallenen Engeln und anderen manipulierten Lichtwesen helft, tragt ihr dazu bei, einen weiteren Teil der schweren und dunklen Systeme zu transformieren, die sich auf eurem Planeten und in seiner Nähe befinden und halten.

Eure Aufmerksamkeit wird immer häufiger darauf gerichtet. Und auch die dunklen Wesen zeigen sich momentan immer häufiger, um auf sich aufmerksam zu machen, damit ihnen endlich geholfen wird.

Aus unserer Sicht als Kosmischer Rat auf euren Planeten ist es sehr wichtig, alles Negative zu transformieren und euren Planeten wunderschön und wieder rein werden zu lassen.

Um euren Planeten herum bewegt sich eine große Anzahl dunkler Energien, es sind ganze Wolken, und es ist notwendig, sich dessen bewusst zu sein. Stellt euch eure Erdkugel vor und darum herum dunkle Wolken, vollgeladen mit explosiver Energie, genau wie vor einem Gewitter. Diese Wolken warten nur darauf, ihre negative Energie zu entladen und mit ihren Blitzen irgendwo auf eurem Planeten einzuschlagen.

So ungefähr könnt ihr euch die Kraft der dunklen Mächte vorstellen. Sie warten nur auf eine Gelegenheit und freuen sich über jedes menschliche Individuum, das mit der gleichen negativen Ladung wie ihre Wolken aufgeladen ist. Darum sprechen wir, der Kosmische Rat, jetzt zu euch, zu den menschlichen

Seelen, die bereit und fähig sind zu helfen und die Entwicklung eurer spirituellen Ära zu beschleunigen.

Transformiert zusammen mit uns veraltete Strukturen und vergebt den »gefallenen« Engel- und Lichtwesen, die auf eure Vergebung warten. Erlaubt ihnen mithilfe eures Willens und eurer Absicht, sich ihren Engelkameraden anzuschließen und sie wieder Liebe und göttliche Freude erleben zu lassen. Ihr Leid ist so groß, und doch weiß kaum einer davon.

Nun, beim Lesen dieser Zeilen, fühlt ihr vielleicht ihre Trauer und Hoffnungslosigkeit. Jeder Einzelne von euch, jeder, ist in der Lage, ihnen durch den eigenen Willen und die eigene Frequenz zu helfen. Jeder von euch Lesern ist mit uns verbunden, und dadurch vervielfacht sich die Kraft jedes Einzelnen von euch.

Übung

Verbinde dich über dein Herz mit uns. Verbinde dich mit reiner Absicht und verbinde dich mit uns, dem Kosmischen Rat.

Dadurch entsteht um dich herum eine wunderschöne strahlende Energiewolke, die alle Regenbogenfarben in sich trägt, wunderschöne reine Regenbogenfarben.

Diese Wolke und ihre Energie breiten sich immer weiter aus, und dein Herz sendet einen leuchtenden Strahl aus, der ebenfalls immer stärker und strahlender wird.

Dieser Lichtstrahl durchdringt alle Dimensionen und Zeiten um dich herum.

Dein Herzstrahl ist so machtvoll, strahlend und unendlich, dass er sich an die Kraft der Lichtwelt und an die Kraft und Reinheit der Engelwesen anbindet.

Jetzt spreche laut oder innerlich Folgendes aus:

»Mit meiner Herzenskraft lasse ich alle Muster, negativen Energien und negativen Emotionen der lichtvollen Engelwesen, die missbraucht und manipuliert worden sind, im göttlichen Licht sich auflösen. Ich vergebe ihnen von ganzem Herzen, weil ich weiß, dass diese Lichtwesen manipuliert worden sind, und deshalb haben sie nicht nach ihrem göttlichen Plan und ihrer Aufgabe gehandelt.

Mit meiner Herzenskraft verhelfe ich ihnen zu ihrer Befreiung und dem Aufstieg in ihre Heimatsphären, die Sphären der 13. Dimension der göttlichen Intelligenz.

Mein Herz und meine Seele senden in diesem Augenblick Impulse der bedingungslosen Liebe und Dankbarkeit aus.

Ich gebe euch frei und danke euch.«

Empfinde diesen Augenblick mit deinem ganzen Herzen. Schon jetzt kannst du eine tiefe Dankbarkeit für deine Leistung fühlen. Zur Verstärkung des Rituals kannst du als Symbol der unendlichen Lichtenergie noch eine schöne Kerze anzünden.

Du hast etwas Großartiges getan. Mit deiner reinen Absicht hast du geholfen, einen Teil der negativen Energien zu transformieren, die nicht nur dich, sondern auch deine anderen menschlichen Kollegen belastet haben.

Wir danken dir dafür!
Frieden mit dir, Frieden mit uns!
Der Kosmische Rat

Anmerkung der Autorin

Ich möchte euch kurz wissen lassen: Diese Botschaft habe ich während eines Urlaubs in Italien niedergeschrieben. Ich lag auf einer Liege am Meer und war wieder in direkter Verbindung zur Lichtwelt. Meine mittlere Tochter Pauline, die auch sehr sensitiv ist und ein Stück von mir entfernt lag, hat mir später gesagt, dass beim Schreiben mehrere Engel um meine Liege herum geschwebt sind. Sie haben sich im Kreis um mich herum angeordnet und mich die gesamte Zeit der Anbindung über beschützt. Sie haben sich sehr darüber gefreut, dass ihrer lichtvollen Familie geholfen wird.

Diese kleine Anekdote möchte ich euch hier deshalb mitteilen, damit ihr euch alle bewusst werdet, dass allein eure positive Absicht schon eine große Hilfe bringt und die Lichtwelt sofort Kontakt mit euch aufnimmt. Alles läuft mit blitzartiger Geschwindigkeit ab, und die Freude der Lichtwelt über eure Taten ist unbeschreiblich schön und groß.

14

Symbole und Codes, Übungen – »Eure Hilfe ist unverzichtbar«

Die Zahl 11. Zwei Einsen. Der Beginn von etwas. Der Anfang. Ein verstärkter Anfang. Die Ziffer Eins und ihre Frequenz sind sehr kraftvoll.

Unsere Zivilisation verwendet eine Unmenge geometrischer Gebilde und Formen und nutzt die Symbolik von Ziffern. Zum Beispiel ist die Ziffer Eins für uns Zahl und Symbol für den Anfang. Und für das Ende ist sie es in Verbindung mit der Null – die Zahl 10. Dahingegen verwenden wir die Acht als Symbol für die Unendlichkeit.

Eure ganze Galaxis besteht aus einer großen Anzahl Formen und Codes. Diese Codes gibt es auch in eurem Körper. Verschiedene Planeten und planetarische Zivilisationen können unterschiedliche Formen und Codes in ihrer genetischen Ausstattung haben, aber immer müssen alle ineinander passen. Sie ergeben das riesige Puzzle eurer Galaxis!

Selbst die Räume und Zwischenräume eurer Galaxis sind mit bestimmten Formen, Codes und Symbolen gefüllt. Dadurch ist zum Beispiel eure Erdkugel präzise an die anderen Planeten eures Sonnensystems angebunden. Der ganze Kreislauf und das ganze Geschehen des riesigen Systems richten sich nach der Zentralsonne eurer Galaxis.

Eure Galaxis wiederum richtet sich nach anderen Zentralsonnen in weiteren riesigen kosmischen Systemen. All diese Galaxien, von denen es eine unendliche Anzahl gibt, sind mit ihrer Kraft an die ursprüngliche Kraft der Urenergie angebunden – oder wie ihr es nennt: an die göttliche Intelligenz.

Die göttliche Intelligenz und ihre Energie sind unendlich. Sie sind in jeder Hinsicht unendlich, in jedem Raum und in allen Zeiten. Die göttliche Intelligenz ist in jeder Hinsicht unvergleichbar und die höchste Naturgewalt und Heimstätte von allem. Sie ist ganz einfach *unendlich.*

Obwohl ihr euch getrennt von ihr fühlt, seid ihr doch absolut mit ihr verbunden, und alle tragt ihr einen Teil dieser Intelligenz in euch. Ihr tragt sie in jeder eurer Zellen, ihr tragt sie in eurem Herzen und in eurer Seele.

Einfach alles besteht aus geometrischen Elementen. Genau so, wie eure menschliche genetische Ausstattung aus XY-Chromosomen besteht, bestehen andere Planeten und ihre Zivilisationen aus den unterschiedlichen Symbolen und Codes, mit denen sie sich an die göttliche Ordnung anbinden.

Eure XY-Chromosome sind die Grundlage allen Seins auf dem Planeten Erde und bieten euch gleichzeitig eine unendliche Fülle an Informationen, wenn ihr die menschliche Hülle verlasst und in die Lichtwelt aufsteigt.

Eure menschliche Rasse kann aus den XY-Codes unermesslichen Nutzen ziehen. Das Ypsilon mit seiner Form eines Trichters als Anbindung an die kosmische Energie und das Symbol X, das ein Zeichen für die niemals endende Verbindung mit der kosmischen Kraft ist, haben in eurem materiellen Körper eine große Aufgabe. Sie verbinden euch mit der Kraft eures Planeten und eurer Galaxis. Die göttliche Intelligenz hat allem seinen Platz und seine Ordnung gegeben, und euer Körper, die Erde und sämtliche anderen Planeten eures Sonnensystems tragen dieselben Information in sich.

Bisher hat die menschliche Rasse nicht verstanden, dass sie durch das Verwenden dieser zwei Symbole zum Kern aller Dinge und zur Uressenz gelangen kann. Wenn sie ernsthaft anfangen würde, sich mit diesen beiden Codes zu beschäftigen, wäre sie in der Lage, sich bewusst an die Kraft der eigenen Galaxis anzubinden.

Jeder Planet und jede auf ihm lebende Zivilisation hat Codes, die sich von denen der menschlichen Rasse unterscheiden, und doch passen sie absolut in das System ihrer Galaxis und letztlich in das System des Universums hinein.

Sobald die menschliche Rasse lernt, diese Symbole zu nutzen, wird es ihr möglich sein, mit den verschiedensten Techniken zu arbeiten. Sie wird nicht länger von Naturmaterialien und Rohstoffen abhängig sein. Sie wird fähig sein, Wärme- und Solarenergie auf andere Weise zu nutzen, und sie bekommt Gelegenheit, in andere Planetensysteme zu reisen.

Ein untrennbarer Teil des Charakters eurer menschlichen Seele liegt in der Formation XY. So ist es auch bei den Völkern und Zivilisationen eurer benachbarten Planetensysteme. Sie alle unterscheiden sich in ihren Wesenszügen. Die menschliche Seele und die menschliche Rasse werden zum Beispiel durch chemische Zusammensetzungen gesteuert, die ihre männlichen und weiblichen Wesenszüge beeinflussen. Die meisten anderen Zivilisationen sind geschlechtsneutral. Aber das ist kein wesentlicher Unterschied.

Symbolik und Geometrie spielen im ganzen Universum eine große Rolle. Alles ist genau durchdacht und zusammengestellt. Ganze Gestirne, Galaxien, Planeten- und Sonnensysteme sind codiert und tragen eine bestimmte Frequenz in sich – *die Frequenz der göttlichen Intelligenz. Und die tragen alle Wesen in sich. Alle sind sich gleich.*

∞

Der Planet Erde ist wunderschön, und gleichzeitig ist er perfekt für Inkarnationen geeignet. Es ist sehr anspruchsvoll, eine irdische Inkarnation zu durchleben, aber es bringt eine Anzahl Erlebnisse und große Emotionen mit sich, die anderen Zivilisationen verwehrt bleiben. Ihr habt das Privileg erhalten, hier eure Inkarnationen zu durchleben, und deshalb solltet ihr versuchen, sie so gut wie möglich und so sinnvoll wie möglich zu leben.

Besinnt euch dafür auf die Frequenz Gottes. Sie ist überall gleich, aber diese Frequenz tragen auch Zivilisationen in sich, die leider den falschen Weg eingeschlagen haben. Sie haben angefangen, anderen friedliebenden Zivilisationen zu schaden.

Wir wünschen uns, dass diese Zivilisationen ebenfalls die göttliche Essenz in sich finden und sich uns auf dem Weg des Friedens und der Freundschaft anschließen.

Wir wünschen uns, dass alle Teile unserer Galaxis, und seien sie noch so klein, befreit sind und sich wieder mit ihrer geometrischen Frequenz und ihrem Code verbinden und sich dadurch voll und ganz an die Kraft des Universums anbinden können!

Vielleicht kommt es euch jetzt absurd vor, was wir uns von euch wünschen. Aber wir brauchen eure Liebe und eure Hilfe. Es ist notwendig, dass wir uns jetzt alle zusammen in unseren Herzen verbinden und den dunklen Zivilisationen die Liebe Gottes schicken.

Wir möchten zusammen mit euch die Herzen und das Wesen der außerirdischen Zivilisationen erweichen, die auf eurem und anderen Planeten parasitär leben und Schaden verbreiten. Wir möchten mit unserem und eurem Herzenslicht die belastenden Codes und Informationen beseitigen, in denen die dunklen Zivilisationen gefangen sind und deretwegen sie gar nicht anders handeln können. Wir wollen ihnen und gleichzeitig uns allen helfen. Wir möchten alle belastenden Muster, an die sie angebunden sind, im Licht auflösen und zu ihrer reinen Essenz gelangen. Auch die dunklen Mächte waren am Anfang ihres Ursprungs reine Wesen. Auch sie sehnen sich nach der Liebe Gottes und des Universums.

Sie sind leider durch materielle Werte geblendet. Ihr Kampf mit anderen und vor allem mit sich selbst hat ihnen das Verständnis für die grundsätzliche Situation genommen. Sie verstehen den Unsinn ihres gesamten Handelns nicht, weil ihre geometrische Struktur, ihre Körper und Seelen, von der universellen Norm abweichen: Ihre Seelen sind nicht mehr in der Lage, sich an die Reinheit und Form des Universums anzubinden.

Liebe und Licht tragen die reinsten geometrischen Formen in sich. Sie sind stärker als alle anderen Kräfte und Emotionen. Liebe und Licht sind das Wesen von uns allen, und nur Liebe und Licht kann die Situation vollkommen heilen.

Und ohne die vollkommene Heilung der Situation kann die gesunde Mitte nicht erreicht werden – die Mitte, um die sich das ganze Geschehen dreht, das Zentrum der göttlichen Intelligenz und das Zentrum von absolut ALLEM.

Jeder von euch trägt die Kraft, die Liebe und das Licht Gottes in sich.

Helft den dunklen Mächten und schickt ihnen göttliche Liebe und göttliches Licht. Helft ihnen, ihr helles Wesen zu enthüllen und sich dadurch zu befreien.

Erinnert ihr euch an die Märchen, in denen es immer wieder heißt, die Liebe und das Gute sind stärker als das Böse? Jedes Märchen nimmt dieser Tage ein gutes Ende, und in jedem Märchen siegt das Gute. Ihr lebt sozusagen in einem neuzeitlichen Märchen, also verbindet eure Kräfte, eure Liebe und das Licht und lasst das Gute siegen!

Übung

Verbinde dich jetzt mit uns. Wir nehmen deine Absicht wahr und verbinden dich unsererseits. Wir verbinden dich unmittelbar mit der Kraft der göttlichen Intelligenz. Wir verbinden dich mit ihrer reinen Essenz, sodass dein Herz mit reiner Liebe und der Kraft und dem Licht der Zentralsonne des Universums gefüllt ist.

Zwischen dir, uns und der göttlichen Intelligenz gibt es keine Trennung. Wir sind stark und haben genug Liebe und Licht, um unsere positive Schwingung auf die dunklen Mächte und Kräfte zu übertragen.

Aus deinem Herzen tritt ein Lichtstrahl, der sich über deinen Körper hinaus ausbreitet und eine riesige Lichtkugel um dich herum bildet. Dein Licht ist so stark, dass es sich weiter und weiter ausdehnt und sich mit anderen, gleich denkenden und ebenfalls positiv aufgeladenen Individuen verbindet.

Euer Licht vervielfacht sich und breitet sich in alle Richtungen aus und verbindet sich mit absolut allen Wesen, die bereit sind, den dunklen Mächten, Zivilisationen und Kräften Liebe und Licht zu geben.

Verbreitet die Liebe und das Licht über euren ganzen Planeten. Durchleuchtet mit eurer Liebe die ganze Oberfläche des Planeten. Durchleuchtet auch die Räume, die sich innerhalb eures Planeten befinden.

Verbinde dich über dein Herz mit der bedingungslosen Liebe der göttlichen Intelligenz und bitte darum, dass alle Wesen auf deinem Planeten durchleuchtet werden und ihnen Liebe gegeben wird. Allen ohne Ausnahme. Durch deine Kraft und deine Anbindung an die göttliche Intelligenz bist du fähig, allen Wesen auf der ganzen Erdkugel deine Liebe zu geben.

Bitte nun um die lichtvolle Auflösung aller negativen Formen und Muster, welche die dunklen Wesen belasten. Bitte von ganzem Herzen darum und empfange die heilende Frequenz mit Dankbarkeit.

Durch deine Absicht und deine Anbindung an die göttliche Intelligenz bist du in der Lage, negative Strukturen und Formen, welche die dunklen Mächte um sich herum tragen, aufzulösen.

Wir bitten dich darum, diese Übung regelmäßig durchzuführen. Wir bitten dich um ihre Weitergabe und Verbreitung. Eure positive Kraft wird stark anwachsen, und die Kraft der Liebe wird sich immer mehr auf eurem Planeten ausbreiten.

Unsere Zivilisation hat gesamtplanetarische Meditationen dieser Art zu einer festgelegten Zeit durchgeführt, damit wir unsere Kraft und Absicht weiter stärken konnten. Es ist uns mit solchen Meditationen gelungen, belastende Muster größtenteils zu transformieren, und dadurch haben wir den dunklen Mächten zu ihrer teilweisen Heilung verholfen.

Verbindet dich zu einer bestimmten Zeit mit uns. Wir schlagen jeden Sonntag um 14:00 Uhr vor. Verbindet dich nur für ein paar Minuten mit uns und hilf mit, durch diese kurze Meditation allen Wesen, die dies brauchen, Hilfe, Liebe und Licht zu bringen.

Wir danken dir dafür!

15

Heilen, Selbstliebe und die erste Vorbereitung auf die Wiederanbindung der DNA-Stränge

Mit Liebe im Herzen und durch die Wiederanbindung an die kosmische Energie könnt ihr unglaubliche Ergebnisse erzielen. Durch Liebe im Herzen könnt ihr euch selbst sowie andere heilen!

Viele außerirdische Zivilisationen sind dafür bekannt, dass sie telepathisch oder mit einem Blick in den Körper des anderen sofort die Ursache einer Krankheit oder ein krankes Organ erkennen können. Sie können telepathisch und mit der Kraft des Herzens wahrnehmen, woran der andere leidet oder welche Belastungen er mit sich trägt.

Sie sehen mit dem inneren Blick, ob die anderen um sich herum »dunkle«, belastende Felder haben, gleich welcher Art.

Es ist nichts besonders Schwieriges daran. Es genügt, ein gereinigtes Ego zu haben, also ein reines Herz ohne Belastungen durch das eigene oder andere Wesen, die euch gedanklich oder emotional zusetzen und auf diese Weise mit euch verbunden sind.

Es reicht, ein reines Herz und eine reine Absicht zu haben, um zu heilen.

Wir meinen damit, dass ihr den anderen so lieben müsst, wie ihr euch selbst liebt, wenn ihr ihm mit eurer Herzenskraft helfen wollt. Dafür ist es notwendig, sich selbst zu lieben und für sich selbst nur das Beste zu wollen. Es geht also um einen gesunden Egoismus. Diese Liebe zu euch selbst ist eine Voraussetzung dafür, um andere heilen zu können.

Viele von euch bewundern berühmte Heiler oder »Erlöser«, wie ihr sie nennt. Viele von euch nehmen sie sich zum Vorbild und möchten genau den gleichen Weg gehen, den Weg der Hilfe und den Weg des Heilens.

Es liegt auch sehr nahe.

Das Heilen war in der Zeit von Atlantis ein vollkommen selbstverständliches und unerlässliches Mittel, um anderen zu helfen. Es gab keine keine Pillen oder Präparate, um den Körper »gesunden« zu lassen. Ehrlich gesagt existierten nicht einmal schwere und tückische Krankheiten. Die sind erst im Laufe der Zeit in eurer unglücklichen menschlichen Entwicklung entstanden.

Eure Körper waren in der Zeit von Atlantis leicht zu heilen, da sich der Körper sehr schnell regenerieren konnte. Er war auf mehrere Jahrhunderte programmiert. Ein hohes Alter bildete keine Ausnahme.

Die Menschen haben sich jeden Tag mit ihren positiven Gedanken und mit Dankbarkeit an ihren Körper gewandt. Jeden Tag haben sie sich bei ihrem Körper bedankt und ihn mit der lichtvollen kosmischen Energie gereinigt. Sie haben dem Körper diese kosmische Energie jeden Tag zur Verfügung gestellt, und sie haben genau gewusst, wie sie die kosmische Energie über ihre körperlichen und Lichtchakren, die sich um den Körper herum befinden, aufnehmen. Die Regeneration der Zellen war dadurch ständig im Gange, und falls sich doch einmal eine kleine Verstimmung an Körper oder Seele zeigte, wurde das Defizit ganz unwillkürlich und ultraschnell ausgeglichen.

Genau in dieser heiligen Zeit von Atlantis wurden euch durch die dunklen Mächte DNA-Stränge entnommen. Zehn von insgesamt zwölf Strängen. Es sind euch nur zwei geblieben, und das ist beklagenswert wenig. Das hatte eine kürzere Lebensdauer und eine geringere Widerstandsfähigkeit des Körpers zur Folge, und die Heil- und Regenerationsfähigkeiten haben sich ebenfalls verringert.

Verzweifelt deshalb bitte nicht. Der Kosmische Rat und die plejadische Zivilisation stimulieren gerade Klangfrequenzen für die Wiederanbindung der fehlenden DNA. Sehr bald wird euch die Möglichkeit gegeben, den menschlichen Körper zu regenerieren, zunächst wenigstens mit Blick auf eine Lebensdauer von einigen Jahrzehnten mehr.

Dazu ist es aber notwendig, dass ihr euren physischer Körper, der momentan unter allen möglichen Zivilisationskrankheiten leidet und Elektrosmog, schlechter Ernährung und anderen chemischen Einflüssen ausgesetzt ist, zunächst mit der kosmischen Heilenergie gesunden lasst, ihn mit energetischer Nahrung nährt und ihn zu lieben beginnt!

∞

Wie viele von euch lieben sich selbst, ihre Seele und ihren Körper? Wie viele von euch können das von sich behaupten? Damit euer Körper die kosmische Energie optimal empfangen kann, sollten wir mit dieser Selbstliebe beginnen. Und zwar SOFORT.

Fange an, dich selbst zu lieben, dein Herz, deine Seele, deinen Körper. Das ist die erste Voraussetzung für die Heilung deines Körpers und deiner Seele und für ein längeres Leben. Eure Seele fühlt sich in einem gesunden Körper ausgesprochen wohl, sie genießt es geradezu und möchte diesen Begleiter durch das irdische Leben nicht verlassen.

Werdet euch bewusst, dass Selbstliebe den ganzen heilerischen und Regenerationseffekt anhebt und den Prozess beschleunigt. Programmiert euch auf das Positive um und macht euch bewusst, dass euer Körper euch durch das Leben trägt und mit euch glückliche Momente erleben möchte. Fangt an, euch selbst gern zu haben. Auf allen Ebenen.

Fangt an, euch dafür gern zu haben, dass ihr hier seid und gerade in diese Zeit und in diesen Raum auf diesen Planeten inkarniert seid. Allein dafür verdient ihr großen Respekt, weil diese Zeit, wie ihr alle wisst, sehr anspruchsvoll ist und viele Hindernisse mit sich bringt. Und doch seid ihr, genau ihr, auf den Planeten Erde inkarniert und versucht auf jede erdenkliche Weise zum Positiven beizutragen. Allein dafür solltet ihr euch schon wahrhaft lieben.

Fangt an, euch dafür zu mögen, was ihr bisher in eurem Leben erreicht habt. Wenn ihr für andere ein Vorbild wart und aus reinem Herzen geholfen habt. Fangt an, euch für jede positive Kleinigkeit zu mögen, und zeigt keine falsche Bescheidenheit.

Allein durch den riesigen Schritt der Inkarnation wird euch bereits jeden Tag durch die Lichtwelt die größte Ehre erwiesen. Es wird euch auch verstärkt Hilfe von den außerirdischen Zivilisationen angeboten. Euer Körper, eure Seele und euer Sein verdienen den größten Respekt, der euch nur zuteil werden kann. Macht euch das bewusst!

Fangt an, euch dafür zu mögen, dass ihr *seid*. Dafür, dass ihr *hier* seid. Negative Erlebnisse und Krankheiten, die euch im irdischen Leben begleitet haben, gehören der Vergangenheit an. Wir werden uns bemühen, sie gemeinsam auf allen Ebenen zu heilen. Eure Körper *und* eure Seelen.

∞

Bevor du dich daran machst, andere durch Heiltechniken zu heilen, beginne dich selbst auf allen Ebenen zu heilen. Werde dir bewusst, dass die Arbeit mit der heilenden kosmischen Energie nichts anderes ist, als die positive Information der göttlichen Intelligenz in deinen Körper eintreten zu lassen.

Die göttliche Intelligenz trägt die Elemente aller Formen in sich. Sie ist eine intelligente Heilenergie, die mit unendlicher Kraft heilt, da sie selbst unendlich ist und die in ihr enthaltenen Informationen unendlich sind.

Über eure Energiezentren – ihr nennt sie Chakren – seid ihr in der Lage, Ströme der kosmischen Energie zu empfangen, die sich dann in eurem Körper ausbreiten und bestimmte Stellen mit neuen, positiven Informationen versorgen.

Schmerzende und kranke Stellen in eurem Körper schwingen langsamer, deshalb ist es notwendig, ihnen neue lebensspendende Energie zuzuführen. Das erreicht ihr am besten, wenn ihr euren Chakren ein Lichtbad gönnt, sie ganz und gar erfüllt mit kosmischer Energie.

In eurem Körper befinden sich sehr viele Chakren und Mikrochakren, um euren Körper herum gibt es außerdem noch eine ganze Anzahl Lichtchakren. Ladet sie alle mit kosmischer Energie auf und lasst durch sie diese hochintelligente Energie in euren Körper eintreten.

Bindet euch zusammen mit uns an diese heilende Intelligenz an und versucht, eurem Körper JETZT die ersten Impulse der Regeneration und Ganzheit zu geben.

So werdet ihr ihn heilen.

Übung

Setze dich gemütlich hin und atme tief.

Dein Atem verbindet dich jetzt mit dem in eurer Luft enthaltenen Sauerstoff. Der Sauerstoff wird die Heilenergie schneller in deinem Körper verteilen.

Es ist alles sehr einfach.

Verbinde dich gedanklich direkt mit der kosmischen Heilenergie – der Energie der göttlichen Intelligenz.

Lasse durch dein Kronenchakra am Scheitel deines Kopfes den kosmischen Strahl in deinen Körper einströmen. Den Strahl der göttlichen Intelligenz.

Du kannst mit deinem inneren Auge die Farben dieses Strahls beobachten. Wahrscheinlich wird jeder von euch beim Empfangen der Energie eine andere Farbe wahrnehmen. Es wird euch jeweils die Farbe gesandt, die ihr gerade braucht (sehr oft werden die Farben Weiß, Gold und Silber geschickt, weil diese Farbfrequenzen die höchsten reinigenden Fähigkeiten haben).

Lasse diesen Lichtstrahl deinen ganzen Körper durchfluten. Absolut den ganzen Körper. Deine körperliche Hülle muss strahlen und leuchten.

Du solltest keinen Fleck auslassen.

Du siehst, dass alle deine Organe strahlen, alle deine Zellen. Deine Haut, dein Gesicht und die Haare.

Lasse die kosmische Energie jetzt alle deine Chakren durchwogen. Lasse alle Blockaden und belastenden Muster, die sich in den Chakren angesammelt haben, sich in diesem Licht auflösen. In den Chakren setzen sich angehäufte Emotionen ab, und oft befinden sich darin auch abgesetzte karmische Erinnerungen.

Bitte die göttliche Intelligenz bei dieser Arbeit um Hilfe und beobachte, wie dein Körper und deine Chakren erstrahlen. Sie werden immer heller und heller ...

Du befindest dich in einer Lichtsäule.

Falls du noch irgendwelche dunklen Stellen in deinem Körper bemerkst, durchstrahle sie mit Licht und lasse alle Belastungen durch deine Füße in die Erde gehen. Du kannst sie auch auf andere Art und Weise verschwinden lassen, es kommt nur auf deine Fantasie an. Gern kannst du sie im Licht auflösen oder zu goldenem Staub zerfallen lassen.

Die Anbindung an die kosmische Energie und die dadurch einsetzende Reinigung ist sehr einfach. Manchen ist sie vielleicht auch schon bekannt, und doch vergessen viele von euch immer wieder die energetische »Hygiene«.

Licht ist Information. Lichtvolle göttliche Energie trägt eine intelligente Form und bedingungslose Liebe in sich. Licht und Liebe sind die stärksten positiven Werkzeuge.

Wenn ihr diese Energie regelmäßig in euch kreisen lasst, könnt ihr sicher sein, dass sich alle negativen Informationen nach einer gewissen Zeit auflösen.

In eurem Körper und eurem Geist bleibt dann nichts weiter als Liebe, Licht und Gesundheit.

Die Arbeit mit der lichtvollen kosmischen Energie ist die Grundlage von allem. Licht ist Leben. Ihr solltet ausdauernd sein und eine solche lichtvolle energetische Hygiene jeden Tag durchführen. Je mehr und intensiver ihr euch an diese heilende Kraft anbindet, desto weniger Belastungen und Negativitäten werden sich bei euch halten können.

Eure Zellen beginnen mit Lichtgeschwindigkeit und großer Strahlkraft zu schwingen und werden in Zukunft nur noch solche »Nahrung« wollen. Sie werden dieses Licht von Zelle zu Zelle verbreiten, und der ganze lichtvolle Körper wird eure Seele durchstrahlen.

Ein lichtvoller Körper und eine lichtvolle Seele sind die erste Voraussetzung zur Regeneration und Wiederanbindung der fehlenden DNA. Ein lichtvoller Körper und eine ebensolche Seele geben den dunklen Formen, gleich welchen Ursprungs, keine Chance.

16

Energetische Nahrung und die Arbeit mit der vierseitigen Pyramide

Mit eurer energetischen, lichtvollen Reinigung erreicht ihr nicht nur einen gesunden Körper, sondern ihr erzielt natürlich auch Frieden in der Seele.

Falls ihr euch auf diesen Weg begeben habt und euch regelmäßig um euren Körper kümmert, macht ihr euch sicher auch Gedanken darüber, welche Nahrung ihr ihm zuführen sollt, womit ihr euren Körper am besten nährt. Ob ihr euren Körper mit einer Ernährung versorgt, über die sich eure Organe und Zellen freuen, die euch Energie gibt oder zu deren Verdauung euer Körper im Gegenteil sogar Energie aufwenden muss!

Was die Qualität von Lebensmitteln angeht, gibt es inzwischen eine Fülle hilfreicher Informationen. Es ist also überflüssig, euch auf irgendeine Art belehren zu wollen. Aber vielleicht können wir euch einige Ratschläge aus unserer Sicht geben.

In dieser komplizierten Zeit ist es ganz allgemein schwierig, Lebensmittel zu finden, die eurem Körper wirklich gut tun. Es ist sehr schwierig, Lebensmittel zu finden, die in jeder Hinsicht biologisch angebaut und nicht mit chemischen Mitteln oder Medikamenten verseucht sind.

Der ganze Planet ist übersäuert, und es ist absolut notwendig, sich das bewusst zu machen. Vielleicht habt ihr auf eurem Grundstück die Möglichkeit, Lebensmittel anzubauen, die euch gut tun werden. Doch selbst das geht leider nicht zu 100 Prozent. Auch das Grundwasser ist nämlich verschmutzt, und es ist nicht leicht, Wasser zum Pflanzengießen oder Trinken zu finden, das unbedenklich und vollkommen rein ist.

Ein weiterer bedeutender Aspekt ist die genetische Manipulation eurer Lebensmittel. Besonders Weizenkörner sind so drastisch manipuliert, dass Menschen, die sich überwiegend von Weizenerzeugnissen ernähren, also von Weißmehl, zu Menschen mit einer anderen, fehlerhaften genetischen Information werden. Vor allem die großen Lebensmittelkonzerne nutzen Menschen aus, die keine andere Möglichkeit haben, als sich günstig zu ernähren, und das verursacht die verschiedensten Zivilisationskrankheiten. Genetisch manipuliertes Weißmehl kann sich so auf das Gehirn auswirken, dass die Menschen förmlich »degenerieren« und dadurch zu einer leichten Beute für die dunklen Mächte werden.

Ein zusätzlicher Gesichtspunkt ist die »künstliche Herstellung« von Gemüse und Obst. Das ist schon eine sehr einfallsreiche Strategie – wieder von riesigen Konzernen erdacht, in denen dunkle Mächte die Oberhand haben. Es kommen nämlich tatsächlich Sorten von Obst und Gemüse zu euch auf den Markt, die »künstlich hergestellt« sind. Sie enthalten weder Vitamine noch Mineralstoffe, und das Ganze ist scharfsinnig durchdacht: Eine solche Ernährung gibt dem Körper keine Nährstoffe, sodass euch nichts weiter übrig bleibt, als dem Körper Präparate zuzuführen, meistens auf synthetischer Grundlage, oder zu versuchen, ihn auf andere Weise gesund zu bekommen. Und das oft zu euren Lasten.

Die dunklen Mächte versuchen, euch von allen Seiten her Kraft zu entziehen, und viele Bewohner eures Planeten haben diese Strategie leider noch nicht durchschaut.

∞

Wir möchten euch hier wenigstens ein paar Anleitungen an die Hand geben, wie ihr euch in dieser Situation helfen und euren Körper so gut wie möglich schützen könnt.

In erster Linie reinigt und durchleuchtet euren Körper regelmäßig lichtvoll. Ihr könnt euch vorstellen, wie euer Körper nach einem Lichtbad wunderschön leuchtet und strahlt. Das kräftigt und stärkt die Abwehrkräfte all eurer Zellen.

Was geschieht denn, wenn ihr Nahrung in euren Körper einbringt, die energetisch tot und damit dunkel ist? Nach der Aufnahme solcher Nahrung verkommen all eure Verdauungsorgane frequenzmäßig, sie verdunkeln sich und »kämpfen« mit dieser Nahrung, damit sie den »Müll« so schnell wie möglich aus dem Körper ausscheiden. Euer Magen und eure Gedärme schwingen dunkel. Ein Lichtbad ist deshalb hilfreich.

Außerdem bieten wir euch eine Lösung in Form einer vierseitigen Pyramide an. Damit könnt ihr die auf eurem geschwächten Planeten produzierten Lebensmittel neu beleben. Sie sollte aus praktischen Gründen so groß sein, dass ihr euer Essen darunter energetisieren könnt. Am besten sollte sie aus Kristall oder aus Glas sein, aber sie kann auch aus Holz gemacht oder aus hartem Papier sein. Es geht vor allem um die Form einer Pyramide.

Lasst eure Nahrung mindestens dreißig Sekunden lang unter der Pyramide liegen. Danach ist die Materie der Nahrung zur Energetisierung fähig und damit zur lichtvollen Schwingung. Die vierseitige Pyramide trägt eine große Kraft in sich und ist über ihre vier Kanten mit der kosmischen, lebensspendenden Energie verbunden. Richtet die Pyramide beim Energetisieren eurer Nahrung mit den vier Kanten entsprechend der Himmelsrichtungen aus.

Unsere Zivilisation verwendet vierseitige Pyramiden für viele Zwecke, wie ihr bereits erfahren habt. Nicht nur zum Schutz, auch zum Energetisieren. Die vier Seiten vervielfachen ihre Kraft, und gleichzeitig neutralisieren sie negative Einflüsse.

Falls ihr außerhalb des Hauses seid und nicht die Möglichkeit habt, eure Nahrung auf diese Weise zu reinigen, benutzt die Kraft eurer Gedanken. Ihr seid starke Individuen und immer in der Lage, zu visualisieren und zu materialisieren.

Stellt euch über eurem Teller oder euren Lebensmitteln wieder eine vierseitige Pyramide vor und lasst sie dreißig Sekunden lang »wirken«. Zusätzlich könnt ihr den Lebensmitteln noch die Frequenzen der Liebe und des Lichts schicken. Bedankt euch für diese wunderschönen Frequenzen.

Wenn ihr ein eigenes Grundstück und die Möglichkeit habt, euer Obst und Gemüse selbst zu pflanzen, stellt euch über eurem Grundstück eine große vierseitige Lichtpyramide vor.

Ihr könnt auch eure Erde an eure Bedürfnisse und eure Frequenz anpassen. Nutzt das Wissen eurer Vorfahren und beginnt, mit eurer Erde zu kommunizieren. Sagt ihr, was ihr von ihr erwartet und wie viel Erträge ihr euch wünscht.

Empfangt alles mit Dankbarkeit.

Nutzt eure genetischen Informationen und baut Obst und Gemüse an, das euch entspricht. Eure frühen Vorfahren haben ihre Informationen mit bloßen Füßen der Erde übergeben. Geht barfuß spazieren, um sie der Erde mitzuteilen. Die Pflanzen werden sie übernehmen. Sie haben für den, der sie angepflanzt hat, wortwörtlich geatmet und sind aus Freude gewachsen. Sie wussten, dass ihre Aufgabe einen Sinn hat, und haben Dankbarkeit für ihr Sein verspürt.

Und vor allem – diese Pflanzen haben dem, der sie gepflanzt hat, genau die Nährstoffe und sonstigen Stoffe gegeben, die er brauchte. Sie haben dessen genetische Informationen übernommen. Versucht einmal, euch wieder mit den Pflanzen zu verbinden und mit ihnen zu reden, und wenn es »nur« das Basilikum auf eurem Fensterbrett ist.

Unsere plejadische Zivilisation steht in direkter Verbindung mit der Natur, und wir können uns gar nicht mehr vorstellen, dass es anders sein könnte. Wir sprechen mit der Natur auf die gleiche Weise, wie wir mit unseren Körpern sprechen.

Mit der Lichtpyramide könnt ihr Regionen auf der ganzen Welt heilen. Helft dem Planeten durch diese Übung. Jeder von euch hat den Schlüssel dazu in der Hand. Auch wenn du nur mit deinem Grundstück beginnst, verbreiten sich mithilfe der irdischen Energielinien das Licht und die Energie weiter in andere Gebiete eures Planeten. Das Licht wird sich vervielfachen, und der Planet erhält Erleichterung und Energie.

Übung

Stelle dir vor, dass ein Lichtstrahl, der aus deinem Kopf austritt, alle Sterne und Planeten des Nachthimmels besucht. Dieser Lichtstrahl, der aus deinem Körper austritt, ist so groß und mächtig, dass er sich im ganzen Raum eurer Galaxis verbreitet. Lasse die Gewissheit in dir entstehen, dass du absolut mit der ganzen Galaxis verbunden bist.

Du und die Kraft der Galaxis, ihr seid so mächtig, dass ihr jetzt noch weiter ins Zentrum des Universums vorstoßt, zur Zentralsonne, wo der Energiestrom zur Reinigung eurer Erde seinen Anfang nimmt.

Schaue dir jetzt an, was für ein machtvoller und heller Punkt du bist. Du bist mit dem stärksten Ort des Universums verbunden. Stell dir vor, wie sich dieser ganze erleuchtete, machtvolle Bereich zu einer vierseitigen Pyramide formt. Das Licht, die Kraft und Energie des Universums sind jetzt in dieser durchsichtigen Pyramide.

Konzentriere dich sodann auf einen Punkt auf deinem Planeten, den du positiv durchstrahlen oder dem du helfen willst. Visualisiere die Lichtpyramide über diesem Ort, drehe sie mit der Spitze nach unten und lasse das mächtige Licht aus der Pyramide austreten.

Die Pyramide verblasst dabei vor deinen Augen und vergeht einfach, bis sie sich aufgelöst hat.

Nachdem die Erde eine solche Kraft erhalten hat, solltest du dich jetzt bei der göttlichen Intelligenz bedanken.

Sprich laut oder innerlich für dich Folgendes aus:

»Göttliche Intelligenz, ich danke dir dafür, dass du einen Teil deiner lichtvollen Heilenergie freigegeben hast und damit Land heilst, das deine Heilung braucht.

Ich danke dir auch dafür, dass du meiner Person als Vertreter der menschlichen Zivilisation vertraust. Unser Planet braucht Heilung, Kraft und deine Hilfe. Hilf mir bitte bei allen Schritten und bei allen Heilungsprozessen.

Die menschliche Zivilisation und die Seele unseres Planeten Erde danken dir von ganzem Herzen.«

Auch wir danken dir! Durch diese schöne Anbindung an deine Galaxis hast du ein weiteres Mal deinem wunderschönen blauen Planeten Erde geholfen!

17

Heilen von anderen Personen

Wenn wir davon reden, dass ihr andere heilt, so meinen wir damit, dass ihr euch als Medium für die Heilenergie zur Verfügung stellt, damit die Energie, die durch euch fließt, in einer anderen Person wirken kann.

Das Heilen und Übertragen von Energie und Lebenskraft auf einen anderen, wen auch immer, gehört zu den schönsten und am tiefsten empfundenen Aufgaben, die uns durch die göttliche Intelligenz geschenkt wurden.

Der Übertragende, der sich als Medium zur Verfügung stellt, erlebt diese großartige Verbindung in vollen Zügen. Wenn ihr euch entschieden habt, andere Personen zu heilen, bekommt ihr von uns großen Dank und Anerkennung.

Diejenigen von euch, die sich entschieden haben zu heilen, und sei es nur durch positive Gedanken, sind Wesen, die mit größter Wahrscheinlichkeit schon in vergangenen Inkarnationen andere geheilt haben, und so tragen sie diese Veranlagung »in sich«. Sie sind an die heilende Epoche und die Frequenz von Atlantis angebunden, und wahrscheinlich befanden sie sich einst auch in dieser Zeit!

Diejenigen von euch, die gerne helfen oder heilen, sind Personen, die diese Eigenschaft von Inkarnation zu Inkarnation weitertragen, und in vergangenen Zeiten wurden viele von euch für ihre heilerischen Fähigkeiten bestraft. Ihr tragt diese Informationen immer noch in eurer Seele, und deshalb bemüht ihr euch, in dieser Inkarnation alle möglichen Heilpraktiken zu meiden und euch ihnen nicht selbst zu unterziehen.

Menschen, die für ihre positiven Taten bestraft wurden, haben Angst, sich der Heilenergie auf irgendeine Weise zu nähern. Obwohl sie intuitiv fühlen, dass die heilende kosmische Energie uns allen zur Verfügung steht, ist es, als seien die negativen Erinnerungen stärker und als ließen sie keine andere Sichtweise zu.

Wie vielen menschlichen Seelen in vergangenen Zeiten doch Unrecht getan wurde! Der kirchliche Glaube und sein unerträglicher Hass auf jegliches Gute hat alles Wesentliche und Bedeutende niedergetrampelt. Er hat auch versucht, die Lichtflammen auszulöschen, welche die mutigen »Lichtkämpfer« in sich trugen.

Vielleicht ist es der Kirche in Zeiten der Dunkelheit gelungen, doch jetzt ist eine Zeit des Lichts angebrochen und alle Lichtkämpfer kommen mit ihrer Flamme der göttlichen Energie zurück, um anderen Menschen zu helfen. Sie hatten es niemals einfach, aber ihr Glaube und ihr Mut, sich den dunklen Mächten zu stellen, war immer stärker als die Angst.

Dafür schätzen wir euch sehr!

In den vorherigen Jahrhunderten bewegte sich die Spiritualität auf einer so niedrigen Ebene, dass diese wenigen Flammen im wahrsten Sinne des Wortes um ihr Leben gekämpft haben, obwohl sie nur mit der reinsten Absicht auf den Planeten kamen – mit der Absicht, hier das Licht Gottes, seine Liebe und heilende Energie weiterzugeben.

Wie viele Boten des Lichts wurden nicht von der Kirche verbrannt, gerichtet und hingerichtet, zu Tode gequält – und doch seid ihr wieder auf den Planeten Erde gekommen und verbreitet erneut das Licht und die Liebe, die ihr verbreiten könnt, und müsst *nicht* schwer dafür büßen.

∞

Ihr alle, die ihr diese Zeilen lest, ahnt unterbewusst, dass euer Wirken auf dem Planeten Erde nicht immer einfach war. Ihr alle, die ihr die heilende und befreiende Frequenz dieser Zeilen wahrnehmt, wisst, dass es notwendig ist, sich die heilerischen Fähigkeiten zu bewahren und sie wie ein kostbares Geschenk zu beschützen. Eure heilerischen Fähigkeiten und die Fähigkeit, mit der Herzenskraft zu heilen, habt ihr jetzt und in diesem Raum auf den Planeten Erde mitgebracht – und ihr wisst, dass ihr oft wegen ihnen leiden musstet.

Nun könnt ihr eure Angst loslassen und eure Fähigkeiten entwickeln und für das Wohl anderer nutzen.

Viele weise und in der Seele erleuchtete Menschen leben in Abgeschiedenheit. Sie haben Angst, öffentlich über ihre Fähigkeiten zu sprechen, weil sie innerlich die Befürchtung haben, dass sie dafür wieder »an den Pranger« gestellt und bestraft werden, auf diese oder eine andere Weise.

Viele menschliche Wesen haben ihre Fähigkeiten auch versteckt, in der Öffentlichkeit ihre Talente heruntergespielt und hatten Angst vor Boshaftigkeit oder davor, ausgelacht zu werden.

Jetzt ist eine Zeit angebrochen, in der ihr eure Herzen öffnen, ihre unermessliche Kraft zur Verfügung stellen und anderen Wesen helfen könnt. Die Zeit der kirchlichen Machtherrschaft neigt sich unwiederbringlich dem Ende zu, und eure Kraft kann hilfreich wieder in der Welt gezeigt werden.

Lasst Sorgen, Unsicherheit und Angst los!

Öffnet eure Herzen und erfüllt sie mit kosmischer Energie!

Viele von euch haben unterschiedlichste Heiltechniken verwendet, die aber immer auf demselben Prinzip beruhten: der

Übertragung von lichtvoller Energie auf den Körper zur Anhebung der Schwingung des Organismus und zur Anhebung seiner Lebensenergie. Viele von euch haben diese Techniken intuitiv von Inkarnation zu Inkarnation benutzt.

Die dunklen Mächte haben auf diese Lichtboten gewartet und ihnen bereits beim Herabkommen auf den Planeten Erde die Erinnerungen gelöscht. Sie haben die Fähigkeiten dieser wichtigen Personen gleich zu Beginn ihres Seins auf dem Planeten erstickt.

Doch das Licht ist das stärkste göttliche Instrument, und jeder von euch, egal ob ihr für eure positiven Taten bestraft wurdet oder euch bei der Inkarnation auf den Planeten Erde die Erinnerungen genommen wurden, weiß oder ahnt naturgemäß, dass *er* oder *sie* das Licht und die heilerischen Fähigkeiten in sich trägt – und dass das göttliche Licht sich mehr und mehr seinen Weg an die Oberfläche bahnt.

Die meisten von euch haben das Bedürfnis, ihr Licht, das sie in sich tragen, mit dem Licht der anderen zu verbinden und es so weit wie möglich auf dem Planeten Erde zu verbreiten.

Viele von euch treffen sich jetzt mit ähnlich veranlagten Wesen, und die Frequenzen passen perfekt zueinander. Ihr begegnet euch momentan überraschend schnell, und Personen mit gleicher Frequenz ziehen sich gegenseitig wie Magneten an.

Personen, die in ihrer Frequenz der euren nicht ähnlich sind, verschwinden aus eurem Blickfeld und manchmal sogar aus eurem Leben.

Licht zieht Licht an, Dunkelheit zieht Dunkelheit an.

Erinnert euch wieder an die Zeit des Heilens der anderen und des gegenseitigen Helfens. An die Zeit, als es für euch absolut natürlich war, mit eurem Herzen und mit eurer Anbindung an den Kosmos zu heilen.

Vorbereitung auf die Übung

Zunächst einmal aktivieren wir das Bewusstseinsfeld um dich herum, mit dem du früher bereits verbunden warst. Wir verbinden dich wieder mit deinem Wissen, das du während deiner Inkarnationen angesammelt hast. Deine Bewusstseinsfelder sind dir nämlich durch die dunklen Mächte genommen worden, du wurdest von ihnen getrennt.

Jetzt ist es notwendig, dass deine Seele wieder Impulse erhält und dir dein Wissen und deine Erfahrungen zurückgegeben werden. Du wirst dich langsam erinnern, oder es kreuzen Menschen deinen Weg, die sich an deine Erfahrungen erinnern. Vielleicht werden das Leute sein, mit denen du vergangene Zeiten durchlebt hast, und jetzt triffst du dich deswegen mit ihnen, weil sie dir einen Teil deines Bewusstseinsfeldes zurückbringen, das sie selbst immer noch in sich tragen. Möglicherweise bekommst du von ihnen nur einen einzigen Impuls, der dich an dein früheres heilerisches Wirken erinnert. Vielleicht hörst du einen Satz, der dir in deiner Entwicklung hilft. Eventuell liest oder hörst du irgendwo ein paar Wörter oder Sätze, die dich in die Welt der Heiler katapultieren.

Und dann ist dir schlagartig alles wieder klar – heilerische Fähigkeiten hat jeder von euch!

Man muss sich nur daran erinnern.

Übung

Setze dich jetzt hin und atme tief. Lasse uns ein paar Minuten lang wirken und gib uns Zeit, deine Bewusstseinsfelder zu aktivieren.

Sie befinden sich um dich herum, wir aktivieren sie bloß und verbinden die durchtrennten Stellen, die dir weggenommen wurden.

Nach der Aktivierung und der Wiederanbindung deiner Felder an dich werden sie dich an immer weitere Bewusstseinsfelder anderer Heiler und Personen anbinden, die mit reiner Absicht helfen.

Du kannst heute noch mit dem Heilen beginnen. Fange mit dieser einfachsten und sehr starken Technik an. Jegliches weitere Wissen und andere Techniken, die du mit der Zeit anwenden wirst, stellen sich dann automatisch und intuitiv ein:

Setze dich vor den Menschen, den du heilen möchtest, oder stelle ihn dir im Geiste vor.

Lasse durch dein Kronenchakra die kosmische heilende Kraft Gottes einströmen und zu deinem Herzen kommen. Lasse dein Herz in dieser Energie erstrahlen.

Konzentriere dich auf dein Herz und sei dir bewusst, dass du den Menschen, den du heilen möchtest, durch dein Herz mithilfe der heilenden kosmischen Energie heilen wirst.

Lasse diesen schönen und liebevollen Lichtstrahl aus deinem Herzen wieder zu deinem Kopf emporsteigen und sende diese machtvolle Energie durch dein Drittes Auge der anderen Person. Du kannst am Kopf beginnen, dann lasse diese Energie durch den ganzen Körper des anderen bis hin zu seinen Füßen strömen.

Wenn du das Gefühl hast, dass dieser Mensch an bestimmten Stellen mehr Hilfe benötigt, verstärke die Intensität der Energie oder das Licht des Lichtstrahls.

Durchstrahle auch die gesamte Aura dieses Menschen.

Vielleicht wirst du während der Übertragung der Energie körperlich oder intuitiv fühlen, wo sich die kranken Stellen im Körper befinden. Wahrscheinlich wird dir auch der andere bestätigen, dass er die heilende Energie mit allen Sinnen wahrgenommen hat.

Die heilende göttliche Energie ist intelligent und weiß ganz genau, welche Stellen durchleuchtet werden müssen und auf welchen Ebenen es angebracht ist, dem Menschen zu helfen. Sehr oft wird zuerst der Seele geholfen, und die körperlichen Beschwerden lösen sich dadurch wie von selbst auf.

Trenne dich nach Beendigung des Heilungsprozesses energetisch bewusst von der anderen Person. Dazu kannst du zwischen dir und der anderen Person eine energetische Wand errichten. Du kannst aber auch mit deiner Hand gedachte energetische Verbindungen zwischen dir und der anderen Person durchtrennen. Oder du kannst deine Lichtbegleiter bitten, dich von der anderen Person nach dieser Heilseance energetisch abzutrennen. Dadurch nimmst du nicht die Belastungen des anderen auf dich.

Durchleuchte dich am Ende mit Licht und bedanke dich bei der anderen Person dafür, dass du helfen durftest. Bedanke dich bei der kosmischen Energie für ihre Unterstützung bei deiner Aufgabe.

Und wir danken dir für deine Hilfe und reine Absicht!

Die göttliche kosmische Energie ist intelligent, und du bekommst durch das Heilen anderer die Möglichkeit und das Privileg, dich selbst ebenfalls zu heilen. Die kosmische Energie heilt auch *deine* Blockaden und Beschwerden.

Anmerkung der Autorin

Ich möchte mich diesen Worten anschließen und mich bei der kosmischen Energie für ihre Hilfe und ihre Intelligenz bedanken. Bereits seit meiner Kindheit habe ich mich nach Heilwissen gesehnt und geahnt, dass sich irgendwo in der Tiefe meiner Seele die Verbindung zur kosmischen Heilenergie befindet. Meine Suche kam mir sehr oft unerträglich und unendlich vor, aber ich habe niemals die Hoffnung aufgegeben, dass ich Impulse erhalten oder Menschen oder Situationen begegnen würde, die mich zur Heilenergie führen würden.

Das ist mir 1998 gelungen, und seitdem wird die »Lichtflamme« in mir immer größer. Ich habe Vertrauen und Hilfe von der Lichtwelt erhalten und darf Menschen helfen. Das bereitet mir eine enorme Freude, und ich fühle, dass sich meine »Bewusstseinsfelder«, wie die Plejader es nennen, immer mehr vergrößern und an das Wissen anderer Heiler anbinden.

Ich erhielt und erhalte noch »Heillektionen« in verschiedenen Rationen. Genau so, wie ich es brauche, und genau in dem Umfang, dass ich es aufnehmen kann.

Durch meine tägliche Anbindung an die kosmische Heilenergie ist es mir gelungen, auch meine Krankheiten und Belastungen zu heilen, die ich während meiner Inkarnationen auf diesem Planeten angesammelt habe.

Die Anbindung an die lichtvolle Energie hat mir viele Wunder gezeigt, und unzählige Male konnte ich mich davon überzeugen, wie intelligent die göttliche Energie ist und wie einfallsreich alles bis ins letzte Detail durchdacht ist.

Jeder von uns trägt dieses göttliche Geschenk des Heilens in sich. Nehmen wir es in Dankbarkeit an und nutzen wir es so oft und gleichzeitig so liebevoll wie möglich!

18

Kristalle, Anbindung an das Kristallnetz und weitere Vorbereitungen für die Wiederanbindung an unsere DNA

Das Heilen von dir selbst und von anderen kannst du durch die Kraft und Magie der Kristalle noch verstärken.

Unsere plejadische Zivilisation ist bekannt dafür, dass sie Kristalle zum Heilen wie auch für gewöhnliche Alltagsverrichtungen verwendet.

Wir haben Kristalle so gut wie überall eingebaut. Nicht nur, dass wir Kristalle auf jede erdenkliche Weise schätzen und ehren, wir sind mit ihnen und dem Naturreich in direkter Verbindung. Unsere Körper haben wir auf positive Art und Weise auf die Struktur der Kristalle programmiert, und so hat sich die Verwendung dieser machtvollen Kristallhelfer für uns noch weiter gesteigert und vereinfacht.

Die Kristallstruktur und chemische Zusammensetzung ähneln unserer Körperstruktur – schließlich sind unsere Körper auch lichtvoll und in ihrer Struktur und im Grunde genommen kristallin. Unsere Seele trägt das Licht dieser Kristallstruktur, und deshalb sind wir vollkommen mit dem Kristallreich verbunden.

Euch haben wir schon in der Zeit von Atlantis das Wissen um die Verwendung der Kristalle gebracht. Auch ihr habt sie zum Heilen genutzt und zu den verschiedensten Techniken verwendet. Ihr habt die Kristalle so eingesetzt, wie wir sie heute noch zur Verständigung untereinander einsetzen. Ihr habt ihre Kräfte, ihre Reinheit und Fähigkeit der Übertragung und Speicherung von Informationen genutzt. Im Grunde war es eine Art Internet.

Auf eurer Erdkugel haben wir in der Zeit von Atlantis mehrere riesige Kristallsäulen platziert, die absolute Giganten unter den Kristallen waren. Einige waren mehr als zwanzig Meter hoch. Sie haben euch für alle Zwecke der Kommunikation gedient.

Diese Zeiten waren wunderschön. Informationen, die ihr gebraucht habt, wurden von den Kristallen nicht nur übertragen und bewahrt, sondern sie strahlten gleichzeitig eine herrlich reine Frequenz, Harmonie und Frieden in eure Umgebung ab – und die Liebe des Universums!

Ihr wart absolut *mit* ihnen und absolut *untereinander* verbunden. Die Kommunikation zwischen euch und euren kosmischen Familien und Heimatplaneten war vollkommen. Die Kristalle haben auf eure Gesundheit gewirkt, und ihr brauchtet euch nur für eine gewisse Zeit in ihrer Nähe aufzuhalten, dann waren eure Körper schon wieder positiv auf Gesundheit und Harmonie auf allen Ebenen programmiert.

Dank der Kristalle habt ihr euch die Gesundheit eures Körpers und die Gesundheit eurer Seele mehr oder weniger erhalten. Immerhin waren eure Körper sehr lichtvoll, und eure Materie war leicht. Die Atome und Moleküle in euren Körpern waren auf ihr lichtvolles Netz programmiert. So war das Leben mit den Kristallen.

Bedauerlicherweise geschah schließlich eine unglaublich traurige Sache, die wir euch schon mehrmals mitgeteilt haben. Die Verbindung unter euch und mit eurer kosmischen Heimat wurde durch die dunklen Mächte unterbrochen. Die Kristallgiganten wurden in Milliarden Stücke zerstreut, und so habt ihr den Kontakt untereinander, zu den anderen Mitgliedern eurer Zivilisation und natürlich auch zu euch selbst verloren. Die Informationen, die in der kristallinen Hardware gespeichert waren, wurden unwiederbringlich zerstört …

Was aber nicht zerstört wurde, war euer Glaube – der Glaube an das Gute und der Glaube daran, dass es Zeiten geben wird, in denen die magische Kraft der Kristalle neuerlich aktiviert wird und ihr wieder den vollkommenen Zugang zur Datenbank eurer Seele und eurer Essenz erlangt!

In einem kleinen Teil eurer Seele habt ihr diese Erwartung und Ahnung von Inkarnation zu Inkarnation getragen und immer daran geglaubt, dass diese Zeit einmal kommen wird – eine Zeit, in der ihr euch wieder an das Kristallreich anbinden könnt und eure Körper und eure Seele wieder lichtvoll sein und eine neue spirituelle Evolution erleben wird!

Die Zeit der fünften Dimension bringt euch unglaubliche Möglichkeiten, und sie lässt euch wieder anknüpfen an eure ursprüngliche Energie, an die ursprüngliche Essenz und an die kristalline Struktur dieser Giganten.

Unsere Zivilisation hat eine vorübergehende Lösung gefunden, wie sie euch wieder mit der Struktur verbinden kann und wie ihr in euch selbst wieder die Kraft wecken könnt, euch an diese Struktur anzubinden.

Zunächst nur Schritt für Schritt. Aber wenn die Zeit gekommen ist und die dunklen Mächte endgültig euren schönen blauen Planeten verlassen, werden die Kristallriesen wieder auf ihn gebracht und euer ganzes Internet wird mithilfe von Sonnenstrahlen runderneuert und aktiviert. Die Kommunikation zwischen euch wird anschließend auf eine absolut andere und sinnvollere Weise vonstatten gehen.

Unsere Gemeinschaft erschafft gerade in Zusammenarbeit mit dem Kosmischen Rat und unter seiner Leitung ein Kristallgitternetz um euren Planeten herum. Ihr könnt euch dieses Netz wie silberfarbene Strukturen vorstellen, die um die ganze Erde gespannt sind. Jeder von euch, der seinen persönlichen Kristall aktiviert, wird dann die Möglichkeit haben, wieder über das Kristallnetz zu kommunizieren und über diesen einen aktivierten Kristall aus dem Kristallnetz Informationen herauszulesen, die er braucht.

Momentan sind beispielsweise Informationen über Heiltechniken und Heilkraft, die Herkunft der Menschheit auf dem Planeten Erde und Weisheiten aus dieser Zeit in dieses Netz einprogrammiert, und all diese Informationen braucht ihr für eure spirituelle Entwicklung.

Über euren eigenen Kristall könnt ihr euren Körper und eure Seele heilen, und ihr könnt über ihn auch das lichtvolle Kristallnetz, zumindest teilweise, in euren Körper übertragen. Dadurch wird euer Körper immer lichtvoller und besser an das Heilen und Wiederanbinden von wenigstens einigen weiteren DNA-Strängen angepasst.

Die Impulse für das Wiederanbinden an die DNA-Stränge werden schon bald in diesem Netz aktiviert werden.

Jetzt versteht ihr sicher, warum wir euch ständig ermutigen, euren Körper so lichtvoll wie möglich zu durchleuchten und energetische Nahrung aufzunehmen.

Damit habt ihr bessere Voraussetzungen für die Wiederanbindung an die DNA-Stränge!

∞

Beschafft euch einen größeren Kristall. Am besten einen Citrin, Bergkristall, Rosenquarz oder Amethyst. Vertraut auf eure Intuition. Er sollte durchsichtig sein. Er sollte so rein wie möglich sein. Es kommt nicht darauf an, ob er bearbeitet oder naturbelassen ist. Er sollte Reinheit in sich tragen, und er sollte sich für euer Herz stimmig anfühlen.

Wascht diesen Kristall zuerst mit kaltem Wasser ab, damit alle Informationen der früheren Besitzer, der Händler und Wiederverkäufer neutralisiert werden. Legt ihn dann für mindestens eine Stunde in die Sonne.

Aktivierung deines Kristalls

Bevor wir beginnen, mit deinem Kristall
zu arbeiten, reinige dich mit Licht,
durchleuchte dein Herz, deine Chakren
und auch deine Aura.

Sei mit der kosmischen Kraft verbunden.

Nimm nun deinen Kristall in die Hand und
lege ihn an dein Herz.

Verbinde dich mit uns.

Durch deine Absicht fangen wir an, deinen persönlichen Kristall zu programmieren. Zuerst beginnen wir, ihn zu aktivieren und an das Kristallnetz anzubinden, das um eure ganze Erdkugel verteilt ist.

Jetzt programmieren und informieren wir deinen Kristall passend zu deinem Körper.

Danach programmieren und informieren wir ihn passend zu deiner Seele.

Lass uns mindestens zwanzig Minuten lang wirken.

Dein Kristall ist nun aktiviert, neu programmiert und genau auf dein lichtvolles Körpernetz abgestimmt. Du kannst dich mit ihm selbst heilen. Dein Herz und du erhaltet von ihm Informationen, die du für dein Wachstum benötigst.

Lege ihn auf dein Herz, wann immer du ihn brauchst. Vergiss nicht, dich vorher lichtvoll zu aktivieren.

Für ein gelegentliches lichtvolles Aufladen legst du deinen Kristall in die Sonne und vollziehst wieder je nach Bedarf die Verbindung, die du gerade durchgeführt hast.

Wir wünschen dir viel Erfolg bei der Arbeit mit deinem persönlichen Kristall und bei deiner Selbsterneuerung.

Frieden mit dir!
Frieden mit uns!

19

Ein neuer Zahlencode für das Wachstum eurer Spiritualität

Eure Entwicklung steigt stetig an, und euer spirituelles Bewusstsein wächst. Jeden Tag ist mehr Licht auf eurer Welt, obwohl die dunklen Mächte auf der Hut sind und sich auf jede erdenkliche Weise wehren.

Die dunklen Mächte wissen, dass sie schon bald euren Planeten werden verlassen müssen. Eure gegenwärtige politische Situation ist der Beweis dafür. Die Karten werden neu gemischt, und die dunklen Mächte, die gegen euch sind, befinden sich in der Rolle des Zuschauers, auch wenn sie noch mit euren Schicksalen und Lebensplänen spielen.

Unglaubliches Chaos herrscht momentan überall auf eurem Planeten, und daraus entsteht großes Übel. Deshalb ist es wichtig, in eurer Mitte zu bleiben und darauf zu vertrauen, dass die gegenwärtige Situation nur eine Übergangsphase in eine bessere Zukunft ist.

Bleibt in eurer Mitte und lasst euch nicht durch die politischen Magnate und ihre Strategien aus der Bahn werfen. Das Bankwesen und die Finanzsysteme sind bereits in ihren Grundfesten erschüttert; es beginnt sich eine neue, stabilere Struktur zu bilden.

Die ganze Welt erbebt gerade im wahrsten Sinne des Wortes, und ihr nehmt dieses Geschehen als unsichere und unglückliche Situation wahr. Es belastet euch sehr, aber glaubt uns, eure wirtschaftliche und politische Lage wendet sich durch diesen gewaltigen Umbruch zum Positiven. Es geschieht!

Es geschieht gerade jetzt!

Die dunklen Mächte wehren sich gegen den Umbruch. Auch sie werden durch höhere Mächte gelenkt und kennen ebenso wie ihr die Panik. Man könnte es mit dem europäischen Jahr 1945 vergleichen. Nur ein kleiner Schritt bis zur Befreiung, aber noch ist das glückliche Ende nicht abzusehen. Dabei naht es mit Riesenschritten …

Wir möchten euch aufmuntern und Mut machen.

Euer spirituelles Bewusstsein und euer Licht sind der Schlüssel zu einer glücklichen Zukunft. Dank eurer positiven Kraft verbreiten sich Licht und Liebe auf dem ganzen Planeten, und schon bald werden die ersten dunklen Zivilisationen euren Planeten verlassen. Das wird eine Anhebung positiver Frequenzen und die Verbreitung von noch mehr Licht auf der Gesamtheit des Planeten zur Folge haben. Das wird euch eine gewisse Erleichterung bringen, aber es heißt nicht, dass die Veränderungen damit abgeschlossen wären.

Eine große Anzahl barbarischer Zivilisationen befindet sich noch hier, und wir können nur hoffen, dass auch sie durch euer Licht und mit unserer Hilfe den Planeten früher verlassen werden, als bisher von allen angenommen wurde.

Viele von euch fragen sich, wie es überhaupt zu dieser unglücklichen Situation kommen konnte, wie es möglich war, dass die dunklen Mächte so gut gedeihen und bisher niemand in der Lage war, sie von eurem Planeten fortzuschaffen.

Es hängt immer davon ab, in welchem spirituellen Stadium sich die heimische Zivilisation befindet. Wie ihr wisst, haben die dunklen Mächte bereits in der Zeit von Atlantis die menschliche Rasse missbraucht und innerhalb kürzester Zeit buchstäblich versklavt.

Eure gesamte Rasse ist im Grunde durch die dunklen Mächte »verseucht«, so wie ein gesunder Organismus von einem Virus oder Parasiten befallen ist.

Nun ist es an der Zeit, eure Kraft, das Licht und die Entschlossenheit in die eigene Hand zu nehmen und *friedliebend* zu handeln, sich *nicht* entmutigen zu lassen, in Gedanken das *Licht* auf dem gesamten Planeten zu verbreiten – in euch und um euch herum.

Der Schlüssel zum Erfolg sind das Licht und die Liebe in jedem von euch. Seid ihr lichtvoll genug, euch den dunklen Mächten zu widersetzen, habt ihr gewonnen. Darin liegen die Kraft und das eigentlich Wesentliche für euch. Keine Macht oder Organisation kann euch diese Verantwortung abnehmen. Der Schlüssel zum Erfolg besteht ganz einfach darin, *positiv* zu handeln – jeder für sich selbst!

Durch euer Licht wird der Planet Erde buchstäblich erstrahlen, und diese Strahlkraft zieht wie ein Magnet weitere Lichtströme und lichtvolle Elemente aus eurer Galaxis an – im Laufe der Zeit sogar aus dem ganzen Universum.

Euer Ziel ist es also, den gesamten Planeten zu durchleuchten und kein Fleckchen auszulassen, und sei es noch so klein.

Licht zieht Licht an, Dunkelheit zieht Dunkelheit an.

Bislang ist es wenig bekannt, dass sich unter der Erdoberfläche außerirdische Zivilisationen befinden, die sich dort angesiedelt haben. Sie wirken von allen Seiten negativ auf euch ein. Wahrhaftig von *allen* Seiten. Sie lenken nicht nur viele eurer bekannten Systeme, etwa eure wirtschaftliche und politische Lage, sondern beeinflussen euch auch energetisch. Sie reißen euch buchstäblich den Boden unter den Füßen weg.

Vor allem unter großen Städten haben sie die Möglichkeit, verstärkt auf euch einzuwirken. Es gibt dort ganze Labyrinthe mit hochmoderner technischer Ausrüstung, die diese Zivilisationen auf euren Planeten gebracht haben.

Viele Menschen, darunter Persönlichkeiten von Rang und Namen, haben sich bereits mit diesen Zivilisationen getroffen. Die meisten halten ständigen Kontakt. Sie bekommen genaue Informationen und werden wie Marionetten dazu eingesetzt, eure irdische Welt negativ zu beeinflussen. Diese Zivilisationen haben ihr Wissen und ihren Standard mitgebracht.

Unsere Zivilisationen hingegen befinden sich hauptsächlich in Raumschiffen im Umfeld eures Planeten, und aus dieser Position heraus wirken wir positiv auf euch.

Wie ihr seht, werden viele Informationen vor euch geheimgehalten. Die dunklen Mächte haben alles gut durchdacht, und ihr bekommt dank der Medien nur die Informationen, die sie unter euch verbreiten möchten. Das führt zu Panik, Angst und Hoffnungslosigkeit.

∞

Damit ihr euer spirituelles Bewusstsein anheben und abermals einen kleinen Schritt auf euer Ziel zumachen könnt, weiter in Richtung auf das kosmische Bewusstsein und die absolute Angebundenheit zu, verwendet von jetzt an diese Zahlenreihe:

88445719

Diese kosmische Zahlenreihe ist ein Code, der euch automatisch durchleuchtet und damit an die kosmische Kraft und ihr Wissen anbindet. Dadurch erhöht ihr euer spirituelles Bewusstsein und eure Lichtfrequenzen.

Der Code ist für einen Zeitraum bis weit übers Jahr 2017 hinaus zuständig – eine sinnvolle Hilfestellung für eure Verankerung in der fünften Bewusstseinsdimension. Er wird euch

Stabilität auf allen Ebenen geben. Auch noch über diese Zeit hinaus. Zu gegebener Zeit, in noch nicht absehbarer Zukunft, steigt ihr dann in die siebte Dimension auf. Dort befinden *wir* uns gerade, die plejadische Zivilisation.

Durch die Berechnung der Quersumme, bei der die Zahl 10 herauskommt, die immer als Eins gesehen wird, verheißt 2017 einen großartigen Neuanfang. Für uns ist die Eins eine sehr mächtige Hilfe und gleichzeitig eine enorm positive geometrische Form. Sie steht für den idealen Verlauf eines bestimmten Zyklus. Mit der Eins beginnt ihr zu zählen, und die Eins ist der Anfang des Dezimalsystems.

Die Eins ist mächtig – ihr könnt euch durch ihre Kraft verstärkt mit der Kraft des kosmischen Strahls Christi verbinden. Die Eins trägt die Kraft der göttlichen kosmischen Energie in sich. Die Eins ist stets für Erneuerung zuständig.

88445719

So lautet die kodierte Zahlenreihe, die wir euch hier als Hilfestellung übermitteln. Die Abfolge ihrer Ziffern ermöglicht es, euch mit dieser Kraft so gut wie möglich an die positiven kosmischen Gesetze und das kosmische Wissen anzubinden.

Verwendet diese Zahlenreihe, so oft ihr könnt. Übertragt sie auf Wasser, programmiert es damit und und trinkt das solcherart positiv programmierte Wasser in kleinen Schlücken. Stellt dazu einfach ein Glas oder eine Karaffe mit Quellwasser auf die Zahlenreihe und lasst die kodierte Information mindestens drei Minuten lang auf das Wasser einwirken.

Durch das Trinken des programmierten Wassers bekommen eure Zellen eine Information, an die sie sich anbinden und durch die sie noch lichtvoller erstrahlen können.

88445719

Ihr könnt diese Zahlenreihe auch irgendwo hinschreiben, an irgendeinen Ort, an dem ihr euch oft aufhaltet, oder ihr tragt sie dicht bei euch am Körper. Ihr zieht dadurch das kosmische Wissen und das Licht wie ein Magnet zu euch hin. Gleichzeitig ist diese Zahlenreihe ein Schutz vor dunklen »Elementen«, die euch bedrohen könnten.

Vielleicht schreibt ihr diese Zahlenreihe auch unter eure Pyramide, dann wird die Information die Räume eures Zuhauses erfüllen. Es ist momentan notwendig, so viel Licht wie möglich in eure Körper, Seelen und Häuser zu tragen.

Haltet euch außerdem so viel wie möglich in der Natur auf. Lasst euch durch ihre Klarheit und ihre Helfer reinigen. Die vermehrte Anzahl feinstofflicher Wesen, die auf euren Planeten geschickt worden sind, helfen euch dabei, euch von psychischen und physischen Giften zu befreien. Der Aufenthalt in der Natur sichert euch eure Kraft.

Dort ist eure Seele glücklich, und dort verbindet sie sich mit den Naturelementen.

Anmerkung der Autorin

Im vorangegangenen Buch handelte es sich um die Zahlenreihe 33851651. Sie hat uns beim Übergang von der dritten in die fünfte Bewusstseinsdimension geholfen. Der Übergang ins Jahr 2012 war sehr kompliziert und hat viele Hindernisse mit sich gebracht, deshalb wurde uns diese Zahlenreihe übermittelt. Beim Errechnen der Quersumme dieser Reihe erhalten wir die Zahl 5 – die fünfte Bewusstseinsdimension.

Nun rufen die Plejader uns auf, eine neue Zahlenreihe zu verwenden, weil wir uns jetzt in der fünften Bewusstseinsdimension befinden und es notwendig ist, alle Aspekte unseres Seins auf dem Planeten Erde zu stärken und zu verankern.

20

Der drastische Einfluss von Elektrosmog auf eure Gesellschaft

Kehrt bitte zu eurem Ursprung zurück und bewegt euch mit euren Kindern so oft wie möglich in der Natur. Die Generation der gerade geborenen Kinder trägt das Wissen um die Naturreiche bereits in sich und bringt es zum Zeitpunkt ihrer Inkarnation mit auf den Planeten.

Dagegen brauchen die Kinder, die von Medien, Computern, Mobiltelefonen und anderen technischen Geräten gefangen sind, eure Hilfe!

Durch verschiedene Computerprogramme, Spiele und unterschiedlichste Apps auf den Mobiltelefonen sind eure Kinder (und oft auch die Erwachsenen) in eine virtuelle Welt verstrickt, die es nicht wirklich gibt. Sie existiert nur im Geist eurer Kinder und in den Gedanken der dunklen Mächte.

Durch das ständige Aussenden elektrischer Impulse in den Äther bleiben eure Kinder im Netz gefangen. Über diese Impulse empfangen Kinder und Erwachsene Informationen, die irreführend sind und ihre Gehirnsignatur verändern. Die Gehirnsynapsen werden auf die neuzeitlichen Programme der dunklen Mächte umprogrammiert.

Die Betreffenden sind dadurch nicht in ihrer Mitte, sie haben den Kontakt zur Natur und ihren Gesetzen verloren und sind ein Opfer der dunklen Zivilisationen.

Was früher die Kirche und ihre Gesetze geschafft haben, schaffen heute die Kommunikationsmedien. Es ist ihnen sehr erfolgreich gelungen, eine neue Form der Sklaverei zu verbreiten, und fast die ganze Welt ist betroffen. Wieder werden die Menschen zu Schäfchen, aber dieses Mal haben die dunklen Mächten es geradezu unauffällig und vermeintlich gewaltfrei vollbracht. Es erweckt ganz den Anschein, als würden die Menschen diese Kommunikationsmittel aus eigenem Willen kaufen und bedienen.

Über den ganzen Planeten ist ein Netz aus Kommunikationsbasis-Einheiten gespannt. Es sind unsichtbare Wellen. Diese Wellen durchdringen nicht nur euren Planeten, sondern auch eure Körper und eure Seelen.

Außerdem ist alles über Satellitenstationen in der Nähe eures Planeten miteinander verbunden, und wenn wir das Geschehen auf dem Planeten Erde beobachten, sehen wir ein Gewirr aus dunklen Verflechtungen des Kommunikationsnetzwerks, wir sehen euch und eure Körper, die mit diesen Netzen verwoben und von ihnen durchbohrt sind.

Weiter sehen wir die dunklen Felder der dunklen Mächte. Es sind Felder, die künstlich auf eine Weise beschaffen sind, dass die menschliche Zivilisation nicht mehr daraus entkommen kann. Es sieht ganz so aus, als wärt ihr in einem Raum eingesperrt, dessen Ränder fest um euren gesamten Planeten herum verschlossen sind.

Diese Problematik ist ein weiterer bedeutender Aspekt der Unterdrückung.

Die Generation der Kinder, die auf diese technischen Mittel »programmiert« sind, hat nur eine Möglichkeit – zur Natur und ihren Gesetzmäßigkeiten zurückzukehren.

Ihr nennt eure Kinder »abhängig«, dabei sind sie Opfer eines systematischen Vorgehens der dunklen Mächte.

Nach dem Fortgang der ersten dunklen Mächte wird sich auch die Art der Kommunikation zwischen euch grundlegend verändern. Euer Internet und alle dazugehörenden Kommunikationsmittel werden ziemlich schnell, wie wir euch bereits mitgeteilt haben, durch andere Kommunikationssysteme ersetzt werden. Diese werden auf der Basis von Sonnenenergie funktionieren und viele dunkle Programme, die in das Internet eingeprägt worden sind, neutralisieren.

Außerdem wird es zu einer Veränderung der Informationen im gesamten Internet kommen, und eure Kinder werden sich nur noch in dringenden Fällen dieser unsicheren Kommunikationsmittel bedienen. All die dunklen Spinnennetze, die durch diese Kommunikationsform auf eurem Planeten entstanden sind, werden dann von Sonnenenergie durchstrahlt werden, sodass die dunklen Elemente um den Planeten herum sich in ihrem Licht auflösen.

Es ist notwendig, sich ganz bewusst zu machen, wie gefährlich die Verwendung dieser Kommunikationsmittel im Grunde ist – und es wäre mehr als angebracht, vielmehr tunlichst geraten, sie auf ein Minimum zu reduzieren.

Wenn ihr eure Geräte gerade nicht benutzt, schaltet sie aus! Schaltet das Signal und die Verbindung zum Internet aus! So könnt ihr euren Körper schützen, und eure Gehirnsignatur wird die Möglichkeit haben, sich zu regenerieren.

Lernt wieder, euch mit eurem Herzen zu verbinden, und sucht nicht woanders nach oberflächlicher Unterhaltung. Lasst euch nicht von Modetrends mitreißen und beschützt den »heiligen« Raum eures Zuhauses und eurer Seele.

Der Elektrosmog ist nur ein weiteres Mittel, mit dem es den dunklen Mächten gelang, neuzeitliche Zivilisationskrankheiten zu entwickeln. Momentan gibt es eine riesige

Auswahl davon, an denen die Bewohner eures Planeten erkranken – seien es Krebs, Allergien, psychische Störungen oder Übergewicht.

Eure Körper werden durch die digitalen Kommunikationsmittel förmlich durchbohrt, und dadurch sind die Energiebahnen – Meridiane – in ihrem natürlichen Fluss gestört. Sie haben aufgehört, den Körper energetisch zu versorgen und an den Kosmos anzubinden. Sie stehen in direkter Konfrontation mit den Wellen des Elektrosmogs, und so spielt sich ein verheerender Kampf um den Sieg ab. Der Körper gerät unter Druck und Spannung, seine natürliche geometrische Signatur weicht von der Normalität ab – und dann ist es nur noch ein kleiner Schritt zur Erkrankung.

Viele Tumorerkrankungen kommen nicht mehr wie früher von nicht verarbeiteten karmischen Erlebnissen oder Lebensthemen, sondern sehr oft jetzt von einem Übermaß an elektrischen Belastungen.

Eure Häuser sind mit Netzen von Kommunikationsgeräten durchwoben, die wiederum draußen an Strommasten und Satelliten angebunden sind … *und so leiden eure Körper auf unbeschreibliche Weise.*

Wenn ihr nicht in eurer Mitte seid, neigen eure Körper zur Erkrankung. Eure Seele ist dann anfällig für psychische Abweichungen und in der Folge zugänglich für die verschiedensten Besetzungen durch dunkle Mächte, fremde Seelen oder auch andere negative Elemente.

Dadurch, dass der Planet auf diese Weise durch elektrische und elektronische Signale unterschiedlichster Art »verunreinigt« wird, ist es für uns äußerst schwierig, die Energietore, durch die wir auf euren Planeten reisen, aufrecht zu erhalten. Diese Tore, die auf dem Prinzip von elektromagnetischen Wellen beruhen, sind Eingänge in die *Zwischendimensionen* von Raum und Zeit.

Ihr fragt, was das ist? Mit der klassischen Form des Reisens, wie die menschliche Zivilisation meint, kommt ihr in den interplanetaren Räumen nicht sehr weit. Die Entfernungen zwischen den Planeten sind viel zu groß für herkömmliche Verfahren, und deshalb wählen *wir* ein System des Reisens in *Zwischenräumen* und in der Zeit.

Zugänge – Tore in die Dimensionen, durch die wir reisen – gibt es auf eurem Planeten eine ganze Menge. Die meisten befinden sich an Orten, wo gerade keine Zivilisation existiert. Aber dadurch, dass sich der Elektrosmog und seine Netze schon fast über den gesamten Planeten und um ihn herum verbreitet haben, verlieren diese Tore an Kraft. Sie werden durch den elektronischen Müll physikalisch *negativ* beeinflusst.

Wir müssen diese Tore ständig aktiviert halten, damit wir den Kontakt zu euch nicht verlieren!

Falls die Möglichkeit, zu euch zu reisen, versiegt, verlieren wir den Kontakt zu euch, und eure menschliche Rasse und der Planet Erde werden sich selbst überlassen sein. So drastische Konsequenzen kann Elektrosmog haben.

Versteht ihr? Durch das Schließen der Energietore würde euch die Möglichkeit genommen, in Zukunft zu uns oder in eure kosmischen Heimatgegenden zu reisen und eure kosmischen Familien zu besuchen! Ihr würdet ganz und gar den Kontakt zur Außenwelt verlieren!

Das elektrische und elektronische Netz haben euch momentan auf verderbliche Weise fest im Griff, aber wir versuchen, diese dunklen Aspekte mit dem goldenen Licht des Universums zu durchstrahlen und so zu neutralisieren.

Helft uns bitte dabei, indem ihr digitale Kommunikationsgeräte so wenig wie möglich benutzt. Auf diese Weise wird das ganze Spinnennetz um eure Erde herum verkleinert. Durchtrennt mit eurer positiven Absicht die Fäden des Spinnennetzes und lasst es uns gemeinsam in Licht transformieren!

Eure Kinder und die Kinder eurer Kinder werden euch mehr als nur dankbar dafür sein, dass ihr die Vorreiter der neuen Zeit gewesen seid. Im Grunde seid ihr die Retter eures Heimatplaneten Erde und ihrer Bewohner!

Es werden Zeiten anbrechen, in denen neue innovative Kommunikationstechniken verwendet werden, die euch nicht belasten und euch im Gegenteil sogar von Nutzen sind!

Anmerkung der Autorin

Es wurde mir nachträglich noch von den Plejadern mitgeteilt, dass eine große vierseitige Pyramide, die mit den Kanten zu den Himmelsrichtungen ausgerichtet ist, uns auch in unseren Häusern vor Elektrosmog schützen kann. Die Flächen einer solchen Pyramide neutralisieren nämlich die Wellen des Elektrosmogs – ebenso wie die von Wasseradern.

21

Der Einfluss der Kirche auf die menschliche Gesellschaft

Die menschliche Gesellschaft hat in ihrer Entwicklung nicht gerade wenige schwierige Zeiten durchlitten. Auch die kirchliche Macht spielte dabei eine große Rolle. Seit dem Auftreten der dunklen Mächte, die sich hinter der kirchlichen Macht verbargen, haben sich die Frequenzen der Angst und der Unerreichbarkeit Gottes umfassend verbreitet.

Auf jedes menschliche Individuum wurden Frequenzen der Angst übertragen. Zuerst durch die dunklen Mächte, dann haben sie sich automatisch und eigenmächtig von Individuum zu Individuum ausgebreitet. Angst ist die am meisten belastende Frequenz – und Angst trägt alle niederen Frequenzen in sich.

Vom Begriff »Angst« können *sämtliche* negativen Emotionen abgeleitet werden, und es leiten sich von ihr noch weitere Zusammenhänge des Lebens ab, ausnahmslos negative. Es kam bereits ein so großes Ausmaß an Angst über euch, dass ihr deren Frequenzen in euch tragt, ob ihr es wollt oder nicht.

Ihr habt Angst, dass ihr nicht genug Liebe vom anderen erfahrt. Ihr habt Angst, dass ihr eure Arbeit verliert. Ihr habt Angst, dass ihr krank werdet. Ihr habt Angst, dass ihr nicht genug Geld haben werdet. Ihr habt Angst, dass euch etwas Schlimmes zustößt.

Ein ums andere Mal gelangt ihr in weitere Phasen der Angst. Wenn ihr immer mehr Gedanken der Angst zulasst, gelangt ihr irgendwann zum Ursprung des ganzen Problems – und das ist die Angst ums Überleben.

Wenn ihr die Arbeit verliert, habt ihr kein Geld mehr und werdet hungern müssen, ihr habt dann Angst, dass ihr vor Hunger sterben könntet.

Wenn ihr krank werdet, werdet ihr nicht mehr genug Kraft haben, euch nicht um euch selbst kümmern können – und sterben.

Wenn euch andere nicht mehr lieben, sterbt ihr vor Kummer …

Das sind eure Gedankengänge, die künstlich in euren Geist eingeprägt worden sind. Sie steuern euch. Sie lenken euch. Sie gleichen den Fäden, an denen ihr wie Marionetten bewegt werdet. Verschiedene Formen von Angst, die zurückgehen auf die *Angst ums Überleben*.

Angst ist euer wichtigster angeborener Instinkt. Und das haben sich die dunklen Mächte zunutze gemacht. Dank der Angst sind die dunklen Mächte zur tiefsten Essenz eures Instinkts vorgedrungen und beherrschen euch jetzt in allen Lebensbereichen.

In den Zeiten der absoluten kirchlichen Vorherrschaft wurde den Menschen sogar die Liebe Gottes aberkannt, falls sie »gesündigt« hatten, was ihre Todesangst noch vervielfachte. Kirchliche Rituale verbreiteten sich auf der ganzen Erdkugel, und so haben sich die dunklen Felder von Kirchenzeremonien tief in euer aller Geist und Seele eingebrannt, *obwohl ihr die wahre und bedingungslose Liebe Gottes in euch tragt.*

Die Macht der Kirche hat schreckliche Früchte getragen. Sie hat die Energie der Liebe entstellt. Sie beruht auf der ständigen Wiederholung von Ritualen und Gebeten, wodurch gewaltige Energiefelder entstanden sind. Jedes Gebet, jede Affirmation und jedes Sprichwort, das regelmäßig oder auch nur häufig ausgesprochen wird, erzeugt sein eigenes Energiefeld. Wenn diese Felder aktiviert werden, nehmen sie noch an Kraft zu und binden sich mit ihrer Kraft an Wesen an, die ähnliche Themen in sich tragen.

Versteht uns nicht falsch. Wir wollen mit dieser Feststellung keinen Hass auf euren Glauben schüren. Es geht uns darum, dass ihr zu unterscheiden lernt, welche Formen der Angst euch belasten. Es geht uns darum, dass ihr verstehen lernt, dass die in Zeiten der »Dunkelheit« erzeugten Kirchenrituale euch bis heute zum Nachteil gereichen – und es einfach unerlässlich ist, sich von diesen negativen Strukturen zu befreien.

Die Macht der Angst hält euch in einer niedrigen Frequenz fest. Die Macht der Angst verhindert, dass euer Körper und eure Seele frei sind.

Wir möchten euch helfen, euch alle Kriterien bewusst zu machen, die euch hier auf der Erde blockieren und eure Seele nicht so wachsen lassen, wie sie gerne würde.

Wir möchten euch helfen, wieder Freiheit und die allmächtige Liebe Gottes hier auf der Erde und in dieser Inkarnation zu erleben.

Die kirchlichen Energiefelder und ihre Netze sind über die ganze Erdkugel ausgebreitet und gehören zu den letzten Negativitäten, die ihr vor der Wiederanbindung an eure DNA-Stränge loswerden solltet.

Ein Glaube, egal welcher, der verkündet, dass ihr euch ihm verschreiben müsst oder dass ihr euch einzig zu dessen Gesetzen bekennen dürft, handelt nicht im Einklang mit dem freien Willen und mit der Freiheit des Menschen. Alles, was bindet und eurer Seele keine Freude bereitet, ist unvereinbar mit der Freiheit der Seele.

Eure Seele braucht nicht die unterschiedlichsten Institutionen, damit ihr jemandem Anweisungen gebt und auf diese Weise bestimmt wird, zu welchem Glauben er sich bekennen soll. Es braucht überhaupt keine Institutionen für den Glauben.

Glaube ist nicht institutionell!

Die Seele, jede Seele, hat ihre eigene Freiheit und entscheidet über sich selbst. Die göttliche Intelligenz liebt jede Seele, egal welcher Konfession sie angehört. Ohne Ausnahme.

Lasst die Zügel der Angst los und nehmt die Gifte der letzten Belastungen von euch, welche die dunklen Mächte in euer Leben einprogrammiert haben.

Transformiert zusammen mit uns die Angst, die euch auf allen Ebenen beeinflusst und nicht frei leben lässt. Es ist eine Angst, die sich mit der Angst um das eigene Leben und Existenzängsten vermischt.

Richten wir unsere Aufmerksamkeit jetzt auf die Angst und alle ihr zugehörigen Emotionen.

Konzentrieren wir uns auf die Gedanken, die sich um euch herum verflechten und sich wie dunkle, rastlose Würmer bewegen und sich mit weiteren, gleichen Gebilden eurer menschlichen Kollegen verbinden.

Programmiert euch ein für allemal positiv um und befreit eure Seele und euren Körper von den Zügeln der Angst.

Affirmation

Atme tief ein und aus und sei dir im vollen Umfang der Kraft der Worte bewusst, die du jetzt sprichst:

Hiermit befreie ich mich jetzt und in diesem Raum von der Frequenz der Angst. Angst, gleich welcher Art, die mich auf meinem Lebensweg bremst, ist nicht meine Angst und gehört nicht zu mir. Sie wurde auf mich übertragen, und ich bin bereit, sie abzugeben.

Ich reinige hiermit meine Seele. Ich reinige hiermit alle meine Inkarnationen und Situationen, in denen Angst bewusst auf mich übertragen wurde.

Ich löse alle Situationen, die etwas mit Angst zu tun haben, in Licht auf.

Ich löse die Ursache meiner Angst, die sich bisher durch alle Ebenen meines Seins gezogen hat, in Licht auf.

Ich verbinde mich bewusst und absolut mit der göttlichen lichtvollen Intelligenz und bitte um die absolute Reinigung aller Elemente der Angst in meiner Seele, in meinem Herzen, in meinem Körper und meiner Aura.

Ich bin absolut an die Reinheit, das Licht und die Liebe des Universums angebunden und verschmelze mit ihr.

Meine Seele, mein Herz, mein Körper und meine Aura sind absolut durchleuchtet und an die reinsten kosmischen Gesetze angebunden.

Ich erzeuge hiermit mein eigenes positives Energiefeld.

Dieses Feld ist aktiviert und mit den reinsten kosmischen Gesetzen verbunden.

Meine Seele ist frei!

Danke!

Durchleuchte deinen Körper jetzt noch mit goldenem Licht und bedanke dich bei der Lichtwelt für ihre Hilfe.

Wenn du die Wirkung der Affirmation weiter verstärken möchtest, lese sie dir laut vor – mindestens an sieben aufeinanderfolgenden Tagen.

Nutze so die Kraft dieser Affirmation und des Rituals und erzeuge ein positives Energiefeld um dich herum. Dadurch programmierst du die Felder der veralteten kirchlichen Rituale um und verbindest dich mit deinem neuen, persönlichen und positiven Feld. Deine Zellen übernehmen die Worte dieser Affirmation und werden sich an das neu geschaffene Feld anbinden wollen.

Falls irgendein Gedanke zu dir kommt, der Angst mit sich bringt, teile der Angst mit, dass du ihr für ihre Anwesenheit dankst, sie aber nicht zu dir gehört, und bitte die Angst, dass sie sich in Licht transformiert – umwandelt.

Wenn du mit deinen Gedanken der Angst (oder jeglichen anderen negativen Gedanken) auf diese Weise kommunizierst, hören sie nach einer Weile auf, zu dir zu kommen. Sie spüren dann deine innere Kraft und dein Licht und werden wissen, dass sie keine Möglichkeit haben, sich bei dir festzusetzen.

Wir danken dir für deine Hingabe und Ausdauer bei der Arbeit an deiner spirituellen Entwicklung und Selbsterkenntnis.

22

Eine weitere Botschaft von Orella

Wir möchten, dass ihr wisst, wie groß unsere Zuneigung zu euch ist und dass wir eure menschliche Rasse sehr lieben. Schließlich stammt auch eure Rasse von unserer ab, und schon deshalb verspüren wir eine große Liebe zu euch.

Ihr gehört zu uns, wir sind durch die Liebe des Universums und durch unsere gemeinsame genetische Ausstattung miteinander verbunden.

Wir hegen große Zuneigung zu euch und begleiten euch bereits sehr lange.

Gemeinsam haben wir gute und schlechte Zeiten erlebt. Wir haben uns die Aufgabe gestellt oder es uns besser gesagt zur Mission gemacht, euch durch diese aufwühlende Ära zu begleiten, weil wir wissen, dass ihr unserer Hilfe bedürft.

Aufgrund der Angst in der menschlichen Gesellschaft und wegen des schlechten Bildes, das ihr von uns habt, war der Kontakt mit euch bei unseren neuzeitlichen Besuchen auf dem Planeten Erde erschwert.

Aber wir begleiten euch schon seit Jahrtausenden. Unsere neuzeitlichen Besuche, die mehr oder weniger arbeitslastig sind, wurden bisher allerdings geheim gehalten.

Die Filmindustrie hat ihren Teil dazu beigetragen, speziell in den USA. Sie hat es geschafft, in der Bevölkerung des Planeten Erde die Vorstellung hervorzurufen, dass alle außerirdischen Zivilisationen eure Feinde sind und keine außerirdische Rasse existiert, die in ihrem Grundwesen und körperlich eurer Rasse ähnlich ist. Man hat alles in eine SciFi-Hülle verpackt, damit die Bewohner des Planeten Erde am Ende der Meinung sind, es sei nur ein Märchen und die menschliche Rasse die einzige Zivilisation im ganzen Universum.

Wie engstirnig.

Im schlimmsten Fall glauben die Bewohner eures Planeten zwar daran, dass Außerirdische wirklich existieren, aber sie nehmen an, dass alle anderen galaktischen Zivilisationen eine enorme Bedrohung für sie darstellen. Sie verlassen sich ganz auf ihre Vorstellung, dass das irdische Militär einen Angriff schon abwehren und die Bevölkerung retten würde.

Wir mussten sehr oft feststellen, dass es der Filmindustrie ausgesprochen gut gelungen ist, diese falsche Realität zu erschaffen. Eure Medien verschleiern die Wahrheit meisterhaft. Über das Zusammentreffen von friedlichen und »nicht friedlichen« Zivilisationen mit den Menschen wird geschwiegen. Diese Informationen werden einfach zurückgehalten.

Die unglaubliche Verblendung der Menschen und ihr blindes Vertrauen zu den Politikern waren bis in die letzten Jahre unerschütterlich und undurchdringlich.

Die Menschen haben keine Informationen darüber erhalten, was sich wirklich auf der Welt abspielt. Videoaufzeichnungen über Begegnungen mit außerirdischen Zivilisationen, die zufällig aufgenommen werden konnten, wurden beschlagnahmt oder den Besitzern abgekauft.

Alle Politiker der Welt, die untereinander in Kontakt stehen, haben den Medien strikte Anordnung gegeben, keinerlei Informationen über außerirdische Zivilisationen zu verbreiten.

Durch eine solche Veröffentlichung würde ja das gesamte System, das Politiker, Großkonzerne und das Finanzwesen so aufwendig bei euch programmiert haben, wie ein Kartenhaus in sich zusammenfallen. Mächtige Politiker wären plötzlich keine Staatsoberhäupter mehr, Gesetze und Vorschriften würden fallen. Die Menschen würden beginnen sich aufzubäumen, wenn sie herausfänden, dass die Systeme, in denen sie seit so langer Zeit leben, sie gefangen halten. Sie würden entsetzt feststellen, dass sie durch ein künstlich geschaffenes Regelwerk gesteuert werden.

Aber auch wenn unsere Besuche auf eurem Planeten bisher geheim gehalten wurden, ist es uns mithilfe des Internets und gechannelter Texte doch gelungen, Informationen zu verbreiten – *Informationen darüber, dass schon bald die Zeit kommen wird, in der wir in vollständigen und unmittelbaren Kontakt mit euch treten können.*

∞

Wir lieben euch sehr, wir wünschen euch nur das Beste und möchten euch auch weiterhin begleiten.

Schon bald wird der Kontakt gelingen, und dann können wir euch Informationen übergeben, die ganz auf eure weitere Entwicklung abgestimmt sind und euch helfen werden, die nächsten Stufen eurer Entwicklung zu nehmen.

Auf diesen Tag freuen wir uns sehr.

Wir warten nur noch auf günstige Bedingungen und auf die Bereitschaft der Menschheit. Aber wir verbreiten bereits die Liebe des Universums. Diese Liebe bringen wir mit, und jeder von euch wird sie fühlen können.

Ihr werdet unsere bedingungslose Liebe zu euch spüren. Ihr werdet spüren, wie eure Essenz erwacht, sich selbst durchstrahlt und mit voller Kraft an die Oberfläche dringt, damit sie sich an diese Liebe anbinden kann. Es gibt nichts zu befürchten. Dieser Tag wird kommen. Und es wird eine wundervolle Begegnung sein.

Den Beratungen mit dem Kosmischen Rat nach dürfte es vorteilhaft sein, diese Begegnung in der Zeit des Herabkommens des erwähnten Christusstrahls auf die Erde zu haben – wenn die Energie Christi euch wieder erfüllt.

Dann werden wir uns in physischer Form treffen können, und die Grenzen der Furcht und der Unsicherheit werden fallen. Mit unseren Raumschiffen werden wir die Intensität des Christusstrahls weiter verstärken, damit sich diese mächtige und schöne Energie auf dem ganzen Planeten verbreiten kann. Und wir werden in direkten Kontakt mit denjenigen Menschen treten, die einen Teil des Christusstrahls in sich tragen.

Wir werden unsere positiven Kräfte verbinden.

Schon jetzt erhalten euer Planet und eure Bevölkerung von uns Kraft, Liebe und Licht. Dadurch wird es zu einer vermehrten Transformation negativer Muster kommen, die sich auf der ganzen Erdkugel befinden, um sie herum und in ihr drin.

Ja, es wird große Veränderungen für euch geben, riesige, die sich jetzt bereits anbahnen. Die von den dunklen Mächten geschaffenen Systeme zerfallen langsam, befinden sich in Auflösung. Nach dem Fortgang der dunklen Mächte wird es nötig sein, alles wieder neu zu gestalten – neue Systeme zu entwickeln, die allen Individuen auf der Erde entsprechen.

Deshalb sind wir hier.

Wir werden euch zur Seite stehen und euch bei eurer neuen Entwicklung begleiten, wenn ihr dies wollt. Wir werden euch mehr oder weniger in energetischen Form begleiten. Wir werden euch Informationen geben, die ihr gerade braucht. Wir werden mit Menschen in Verbindung stehen, die für eure Epoche wichtig sind, und euch mit ihren Erfindungen und Gedanken dabei helfen, die Zukunft neu zu gestalten.

Ihr wisst ja: Wir kommen aus der Zukunft. Unsere Planeten befinden sich in einem anderen Zeitkontinuum. Wenn wir zu euch reisen, reisen wir in die Vergangenheit. Deshalb können wir gut in eure Zukunft blicken. Sie ist dimensional bereits in die Energiefelder eurer Erde eingeprägt. Wir wissen, welche Entwicklung ihr durchlaufen würdet, wenn der Kosmische Rat *nicht* eingreifen würde.

Wir kommen aus der Zukunft und wissen, dass sich die Zukunft der Menschheit jetzt in eine andere Richtung bewegen sollte. DESHALB SIND WIR HIER.

Und deshalb helfen wir euch. Wir tragen euch in unseren Herzen. Ihr gehört zu uns – *und die menschliche Rasse ist so wunderschön.*

Ihr werdet bewahrt werden. Die menschliche Rasse wird bewahrt werden. Wir möchten, dass ihr wieder ein Paradies auf Erden erlebt. Und ebenso eure nächsten Generationen.

∞

Das, ihr Lieben, sind keine Worte des Trostes, es sind Worte der Wahrheit, und wir werden in Zusammenarbeit mit dem Kosmischen Rat unser Bestes geben, euch zur Seite zu stehen und euch so lange zu begleiten, wie ihr es braucht.

Wir danken euch für eure Anwesenheit und für eure Liebe zu uns. Eure Herzen öffnen sich immer mehr, und das bereitet uns große Freude.

Wir spüren die Frequenz eurer Herzen, sie ist ganz einfach messbar, und diese Frequenz ist in letzter Zeit sehr stark gestiegen. Ungeachtet all der negativen Ereignisse auf eurem Planeten fangt ihr an, offener zu sein – und ihr verbindet euch mehr mit der universellen kosmischen Energie.

Ihr fühlt, dass dieser Weg unumgänglich ist und eure Herzen so offen bleiben und voller Licht sein sollten.

Darin liegt ein weiterer Schlüssel zu eurem Erfolg. Und nicht nur das, eure erhöhte lichtvolle Herzfrequenz ist auch noch eine Voraussetzung für die erfolgreiche Wiederanbindung an die DNA-Stränge.

Ihr seht, dass ihr Schritt für Schritt vorankommt.

Eure Herzen verbinden sich mit unseren Herzen, und damit bilden wir ein riesiges und wunderschönes Netz um den ganzen Planeten herum. Es wird weit in unsere Galaxis hineinreichen, immer tiefer und tiefer hinein, denn eure Herzenskraft erlebt gerade eine innovative und neuzeitliche Verbindung mit den positiven Gesetzen des Universums.

Eure Herzen, euer Herzorgan, wird bald auch seine zweite Funktion erleben dürfen: die Funktion als spiritueller Empfänger der wunderschönen kosmischen Energie!

23

Reinigung des Blutkreislaufs mithilfe von Lichtenergie

Zur erfolgreichen Beendigung der Aufgaben, durch die ihr gerade geht und die ihr hier mit uns erlebt, möchten wir euch gern ein paar Hinweise geben, was die Wiederanbindung eurer DNA-Stränge betrifft.

Nur die Individuen, die wirklich auf allen Ebenen dafür bereit sind, werden die Möglichkeit haben, ihre DNA-Stränge wieder anzubinden.

Das ist sehr einfach, und die Erklärung dazu ebenso.

Wenn Körper, Seele und Herz nicht lichtvoll strahlen, seid ihr überhaupt nicht in der Lage, mehrere Stränge zu aktivieren. Es geht nicht darum, »auserwählt« zu sein. Es geht darum, wie sehr ihr an euch arbeitet und wie sehr euer Körper fähig ist, sich zu regenerieren. Es geht um chemische Reaktionen im Körper und um die Anhebung der Lichtenergie in den Telomeren, welche die DNA enthalten.*

---

* Ein Telomer ist das Ende beziehungsweise der Endabschnitt eines Chromosoms und sorgt für die Stabilität der gesamten DNA. Telomere scheinen auch eine große Rolle beim Alterungsprozess eines Lebewesens zu spielen: Sie verkürzen sich nämlich mit zunehmendem Alter des Lebewesens, sodass prinzipiell die Verkürzung der Telomere ziemlich genau mit dem biologischen Alter eines Lebewesens übereinstimmt.

Durch die lichtvolle Reaktion verändert sich die chemische Zusammensetzung im Körper. Bestimmte Funktionen verlaufen schneller und einfacher. Die Organe müssen nicht mehr so viel arbeiten, weil der Körper an die Lichtenergie angebunden ist. Eure Körperprozesse vollziehen sich dann entsprechend leichter und weniger aufwendig. Dadurch ist es den Organen auch möglich, sich rascher zu regenerieren. Sie brauchen ja nicht mehr so hart zu arbeiten.

Die Lichtenergie hilft euch wirklich auf allen Ebenen. Jede einzelne Zelle ist an diese Schwingung angebunden. Jede einzelne Zelle in eurem Körper freut sich über die Anbindung und gibt ihre Freude weiter. Wenn alle Zellen sich freuen, freut sich der gesamte Organismus, und euer ganzes Sein ist freudig und glücklich.

Viele lichtvolle Zivilisationen – wir selbst eingeschlossen –, haben die Möglichkeit, zielgerichteter mit dem Körper zu arbeiten als ihr Menschen. Unsere Körper sind lichtvoll. Licht befindet sich in jedem kleinsten Teilchen unseres Körpers.

Das bedeutet: In unserem Körper hält das Licht alles in Bewegung, es lässt sämtliche Teilchen unseres Körpers schwingen. Dadurch erleben wir ständig ein Lichtbad, denn das Licht strömt zwischen den Teilchen, füllt den ganzen Raum des Körpers und selbst die innersten Räume aus. Und wenn die Materie des Körpers sich bewegt, hat das Licht noch eine bessere Chance, bis in die letzten Winkel vorzudringen.

Jahrtausende nach dem Untergang des Projekts Atlantis war euch der volle Zugang zur kosmischen Energie noch immer verwehrt. Er wurde euch nicht ermöglicht. Ihr wurdet blockiert, und die menschliche Rasse wurde versklavt.

Jetzt bricht endlich die Zeit an, auf die wir alle gewartet haben. Eine lichtvolle Zeit, mit der Schwingung, die bis in den letzten Winkel eures Körpers reicht und eure Chemie verändert. Die Zeit der Versklavung nimmt ein Ende.

Jeder von euch fühlt es in sich: Etwas Großes und Schönes erwartet ihn! Die Zeit der Dunkelheit neigt sich endlich dem Ende zu, und ihr erlebt zusammen mit uns eine Zeit der neuen, positiven Revolution!

Uns bereitet dieser Prozess eine solche Freude, dass ihr beim Lesen sicherlich die zutiefst schönen Emotionen empfinden könnt, die wir euch gegenüber haben und die wir *gerade in diesem Moment* an euch aussenden.

Mit der Wiederanbindung an die DNA-Stränge durchlauft ihr eure nächsten Entwicklungsstufen um ein Vielfaches schneller. Ihr werdet mit voller Kraft an die kosmische Energie und ihre Gesetze angeschlossen.

Für das Anbinden *aller* fehlenden DNA-Stränge ist allerdings noch nicht die richtige Zeit. Das braucht euch nicht zu sorgen. Die hellen, durchleuchteten Individuen werden die Anzahl der DNA-Stränge trotzdem erhöhen können, wodurch sich die Lebensdauer ihres Körpers wenigstens um einige Jahrzehnte verlängert.

Ihr wisst, was ihr zum Wiederanbinden der DNA benötigt. Wir haben es euch mitgeteilt: ein gereinigtes Herz und einen durchleuchteten Körper mit einer ebensolchen Seele. Ihr solltet euch also möglichst von energetisierten Lebensmitteln ernähren.

Und dann bindet ihr eure DNA-Stränge wieder an! Dadurch eröffnen sich euch vollkommen neue Horizonte. Ihr werdet euch leichter fühlen, eure Körper werden lichtvoller sein, und eure Seele wird sich mühelos mit den kosmischen Informationen verbinden können!

Alles wird für euch klarer und verständlicher sein. Informationen, die ihr braucht, werden automatisch zu euch kommen, ohne dass ihr euch bemühen müsst, und ihr werdet euch ganz selbstverständlich an die Informationsfelder, die ihr gerade für euer Wachstum braucht, anbinden.

Ihr werdet verstehen und fühlen, was die wahre, bedingungslose Liebe Gottes wirklich bedeutet. Oder die bedingungslose Liebe zu sich selbst oder einer anderen Person.

Ihr werdet Dinge sehen, die ihr bisher nicht gesehen habt, und ihr werdet Dinge wahrnehmen, die ihr zuvor nicht wahrgenommen habt. Eure telepathischen Fähigkeiten werden sich entwickeln – und ihr werdet intuitiver handeln.

Mit der Zeit werdet ihr verstehen, dass Worte vollkommen überflüssig sind. In manchen Situationen werdet ihr gar keine Worte mehr benutzen, eure Herzen werden dann für euch sprechen. Ihr werdet euch besser in andere hineinfühlen können, sodass es nicht mehr zu Missverständnissen kommt, die bisher so oft zwischen euch entstanden sind.

Das war immer eines der größten Probleme in der Kommunikation zwischen Menschen. Dadurch, dass die dunklen Mächte euch voneinander getrennt, eure kristallene Datenbank zertrümmert und eure genetische Ausstattung verändert haben, als sie euch DNA-Stränge entnahmen, entstand dieses Debakel. Das war der Stein des Anstoßes. Jeder Einzelne spürte früher Vereinsamung oder Unverständnis beim anderen.

Durch die teilweise Wiedererlangung der DNA-Stränge wird euch geholfen werden. Alle Streitigkeiten, Missverständnisse und Reibereien werden vergehen, weil ihr jetzt die Möglichkeit habt, euch mit eurem Herzen an das Kristallnetz anzubinden. Ihr werdet mit der kosmischen Christusenergie und den Gesetzen des Universums verbunden sein.

Wir wünschen euch von ganzem Herzen, dass euch die Anbindung an das neu aktivierte Netz rund um die Erde, das für die Wiedererlangung der DNA-Stränge zuständig ist, so früh und einfach wie möglich gelingt. Dieses Netz gibt euch die Möglichkeit, sich schneller zu regenerieren und lichtvoll aufzuladen. Wir wünschen euch, dass ihr die Dinge schon sehr bald aus einer anderen Perspektive sehen könnt.

Genährt wird dieses Netz durch das kosmische Licht und gewisse Klänge des Universums, auf die ihr »eingestimmt« sein und durch die ihr zum »Normalen« zurückgebracht werdet. Ihr werdet euch dem göttlichen Plan annähern, der ursprünglich für die Menschheit gedacht gewesen war.

Die Anbindung an das DNA-Netz werden wir durchführen, nachdem wir euch in aller Kürze eine weitere sehr wirksame und einfache Technik vorgestellt haben, wie ihr noch mehr Licht als bisher in eure Organe hineinbringt.

Übung

Diese Übung kannst du im Sitzen oder im Liegen durchführen. Sie geht ganz einfach: Verbinde dich in Gedanken mit der kosmischen Energie.

Lass einen goldenen Lichtstrahl in dein Herz fließen. Er durchleuchtet dein ganzes Herz, und du kannst beobachten, dass dein Herz in einer solchen Intensität leuchtet, dass dieses Licht fast schon blendet.

Nun siehst du, wie auch das Herzgewebe und die Herzmuskeln, Adern und Venen, die ins Herz führen, durchleuchtet werden.

Du siehst dein Blut, das im Herzen pulsiert.

Beobachte jetzt, wie das Blut in deinem Herzen seine Farbe ändert und zu einer lichtvollen, goldenen Flüssigkeit wird. Sie wird jetzt durch deine Blutgefäße in alle Organe deines Körpers transportiert. Auch ins Gehirn, in den Kopf und die Wirbelsäule.

Diese goldene Flüssigkeit wird durch Adern, Venen und Kapillaren in alle Muskeln und jedes Gewebe deines

Körpers transportiert. Sie dringt selbst in deine Haut vor. Das Licht breitet sich mit seiner Strahlkraft auch in deinen Knochen und Gelenken aus.

Dein ganzer Körper strahlt und wird von dieser goldenen Flüssigkeit gespeist. Sie kreist und pulsiert immerzu in deinem Körper. Auf die gleiche Weise, wie das Blut durch deinen Körper strömt.

So kannst du sicher sein, dass du absolut alle Stellen in deinem Körper durchleuchtet hast!

Atme tief und sieh zu, wie dieses Licht sich mithilfe des Sauerstoffs, den du einatmest, im ganzen Körper verteilt.

Verweile noch einige Minuten in Stille.

Bedanke dich bei der kosmischen Energie für dieses wundervolle und geniale Lichtbad.

24

Wiederanbindung der DNA-Stränge mithilfe des Kosmischen Rates

Das Hauptthema bei dieser Buchbegegnung mit euch ist die Wiederanbindung an die kosmische Urkraft. Und sie erfolgt durch das Wiederanbinden der DNA-Stränge. Zumindest durch das teilweise Wiederanbinden.

Jeder von euch bekommt diese Möglichkeit, und jeder von euch darf sie voller Dankbarkeit nutzen. Unsere Zivilisation sehnt sich schon lange danach, euch in dieser Hinsicht zu unterstützen und so eure Entwicklung zu erleichtern.

Das unablässige Weggehen vom Planeten führt dazu, dass ihr eure Geburt wieder und wieder erlebt. Ihr inkarniert stets neu in verschiedenen Körpern und vergesst, was ihr bereits gelernt habt – müsst euch ein ums andere Mal an alles erinnern.

Oder euer Wissen wird euch bei eurer Geburt einfach weggenommen.

Die Verlängerung eures irdischen Alters auf diesem Planeten wird es euch ermöglichen, mehr Erfahrungen zu sammeln, auf die ihr während eurer irdischen Inkarnation zugreifen könnt. Außerdem werdet ihr diese Erfahrungen durch das ständige Enden der Inkarnation – durch den »Tod«, wie ihr Menschen es nennt – nicht mehr verlieren.

Denn die kosmischen Gesetze sind ewig gültig.

Es war klar, dass die jetzige Situation auf eurer Erdkugel eines Tages zu Ende gehen wird und ihr euch wieder positiv ausrichtet würdet. Ihr habt es ebenfalls gewusst. Unsere Zivilisation möchte euch beim nächsten Schritt helfen. Wir möchten euch auf diesem Weg begleiten.

In Zeiten der spirituellen Dunkelheit hat die Menschheit bloß »überlebt« und sich in einer fast vollkommenen Versklavung der dunklen Mächte befunden. Doch momentan sind die dunklen Mächte sehr unzufrieden, weil die Menschen durch das Wiederanbinden der DNA-Stränge im Begriff sind, sich von den Zügeln der Angst zu befreien.

Die Herrschaft der dunklen Mächte über den menschlichen Körper vergeht. *Sie vergeht.*

Eure unablässigen Inkarnationen werden aufhören. Es wird euch vergönnt sein, für längere Zeit hier auf der Erde zu verweilen, und ihr werdet die Möglichkeit haben, euer Wissen zu eurem Wohl und zum Wohl anderer zu nutzen. Euer Körper wird lichtvoller sein und dadurch wieder resistenter gegen die Angriffe der dunklen Mächte.

Eure Seele wird in einem solch starken Körper eine Stütze finden und sich voll ihrem Wachstum widmen können. Sie wird sich nicht ständig mit traurigen Gedanken über einen kranken Körper, Schmerzen und traumatisierende Erlebnisse beschäftigen müssen.

Bis es so weit ist, werdet ihr noch viel Arbeit an euch leisten. Aber das habt ihr bisher auch schon. Und ihr habt eine »Anleitung« erhalten, wie ihr an eurem Wachstum arbeiten könnt.

Mit jedem Gedanken und jedem Impuls hin zu einem erhöhten Bewusstsein nähert ihr euch eurem Ziel – dem Ziel der Erleuchtung der Seele, dem Ziel der Reinigung des Herzens, einer Reinigung, die das Herz frei macht von allen Belastungen, damit es sich uneingeschränkt der Anbindung an die kosmischen positiven Gesetze überlassen kann.

Durch eure Neuanbindung der DNA nähert ihr euch euren kosmischen Familien an und nehmt Kommunikation auf anderen Ebenen auf, als ihr sie bisher kanntet.

Es wird sich die *telepathische Form* der Kommunikation entwickeln und dadurch auch eure *Lichtsprache*. Über die Lichtsprache verständigen sich im Universum alle Wesen auf einer höheren Bewusstseinsebene. Sie brauchen überhaupt keine verschiedenen Sprachen mehr, wie es auf eurem Planeten noch der Fall ist.

Eure negativen Eigenschaften werden verblassen, da ihr mit dem Herzen sprechen und fühlen werdet, sodass ihr spürt, worunter der andere leidet und wie man ihm helfen kann. Eure Sprache wird nicht untergehen, aber ihr werdet euch immer häufiger über die lichte Form verständigen und kosmische Vorteile nutzen. Die ständigen Missverständnisse zwischen euch werden verschwinden, genau wie der Hass zwischen den Völkern.

Die Gesamtsituation der Welt wird sich verbessern.

Eure Körper werden länger auf dem Planeten verweilen und in der Lage sein, mehr und mehr Licht zu verbreiten, das sich auf die anderen Mitglieder eurer Gesellschaft ausbreiten kann. *Damit* werdet ihr euch befassen, ihr Vorreiter und Pioniere des Lichts.

Warum wir euch so nennen? Nun, diese Anrede ist wunderschön und kraftvoll. Ihr, die ihr diese Zeilen lest, beschäftigt euch mit dieser Thematik und versteht die Komplexität eurer ganzen Situation. Ihr seid wichtige Personen, wichtiger, als ihr denkt.

Eure Anwesenheit auf dem Planeten Erde ist von euch selbst geplant worden. Sie wurde auch vom Kosmischen Rat geplant, und ihr habt den Segen der göttlichen Intelligenz erhalten. Und natürlich wisst ihr, warum ihr hier seid. Ihr seid auf die Erde gekommen, um etwas zum Positiven zu verändern, egal auf welche Art und Weise. Das ist euch doch klar? Wenn nicht, lasst euch bitte nicht entmutigen. Durch nichts und niemanden.

Bleibt bei eurer Position und haltet durch mit der Verbreitung von Licht.

Habt keine Angst vor Unannehmlichkeiten, die ihr hier auf dem Planeten durchlebt oder noch durchleben werdet. Es werden immer weniger, und es ist notwendig, diese Hindernisse zu überwinden. Behaltet ein klares Ziel vor Augen!

Durch euer verlängertes Wirken hier auf der Erde werdet ihr besser die Möglichkeit haben, euren Kindern zu helfen. Eure Kinder werden euch dafür dankbar sein und ihre Seelen einen einfacheren Verlauf in ihrer Inkarnation haben. Die nächsten Generationen werden dadurch noch strahlender und sinnerfüllter sein!

Es hat alles seinen Sinn. Die alten und künstlich erschaffenen Systeme werden ins Licht transformiert. Neue, positive und für alle menschlichen Besucher dieses Planeten nützliche Systeme werden erschaffen und treten an ihre Stelle!

Ihr seid hier nur zu Besuch, aber es wird die Zeit kommen, in der die Erde nicht mehr nur der gefürchtete »Reinigungsplanet« ist, auf den die Mutigsten inkarnieren.

Wir möchten – und das ist auch ein Wunsch des Kosmischen Rats –, dass der Planet Erde in die Zeit des berühmten Atlantis zurückkehrt. Die menschliche Gemeinschaft soll wieder ein »Paradies auf Erden« erleben. Dazu braucht ihr nur ein Ziel zu verfolgen. Das Ziel ist der Kontakt zwischen euch und euren kosmischen Familien, die Wiedervereinigung und Verbindung zwischen euren Familien und euren Herzen. *Ihr seid nicht allein.*

Die Angst vor Einsamkeit und Verlassensein wird vergehen. Durch eure Anbindung an die DNA werdet ihr die Kraft und Liebe des Universums fühlen. Ihr werdet die Kraft und Liebe der anderen Mitglieder und Bewohner unserer gemeinsamen Galaxis fühlen.

Mithilfe des Kosmischen Rats und der göttlichen Intelligenz werden wir euch unterstützen und begleiten – sehr viel weiter begleiten. Denn wir denken, dass ihr unsere Hilfe noch eine gewisse Zeit brauchen werdet, und wir stellen sie euch gerne zur Verfügung.

Ja, wir werden euch mit Liebe und in Ehre begleiten. Und nicht mehr nur als äußere Beobachter. Bald werden Zeiten anbrechen, in denen wir uns wieder von Angesicht zu Angesicht begegnen. Eure geheilten Körper und Seelen werden eines normalen und problemlosen Kontakts fähig sein.

Eure Körper werden in lichtvoller Liebe schwingen, und eure Seele wird in der Lage sein, unsere Seele und auch unsere Lichtschwingung zu verstehen.

Es wird keine Hindernisse mehr geben.

Diese Anbindung an die DNA-Stränge führt der Kosmische Rat selbst mit euch durch. Es geht dabei um sehr hohe Lichtschwingungen, und so wird die Wiederanbindung allmählich, Schritt für Schritt, erfolgen. Sie wird bei Individuen erfolgreich sein, die bereits gänzlich durchleuchtet sind und die ihren Körper und ihr Herz regelmäßig selbst durchleuchten. Jeder von euch wird spüren, wie stark ihr gerade lichtvoll schwingt oder ob ihr noch Zeit braucht und die Anbindung erst in einer gewissen Zeit anfangen wird.

Beim Anbindungsprozess geht es um einen bestimmten Lichtstrahl, der mit eurem Körper verbunden wird. Es geht um eine bestimmte Frequenz, die ihr in euch tragen werdet, damit sie euch immerzu »nährt« und durchleuchtet. So werden euer Körper und eure Seele an die Information und das

Licht der göttlichen Intelligenz angebunden, und so gelangt ihr in den Zustand eurer »Normalität« – einen Zustand, der für euren Körper und eure Seele ursprünglich durch die göttliche Intelligenz programmiert worden war.

Ihr gelangt in den Zustand der göttlichen Ordnung.

Bisher seid ihr vom Zustand der Normalität und der absoluten göttlichen Ordnung abgewichen. Es war für euch nicht möglich, Normalität zu erreichen, weil euch die dunklen Mächte auf fast allen Ebenen beeinflusst haben. Was euch aber geblieben ist, ist die Liebe und Essenz Gottes in jedem von euch. Das ist euer Wesen.

Nimm dir für diesen wertvollen Augenblick die Zeit, die du brauchst, und erlebe ihn wahrhaft in vollkommener innerer Ruhe. Es wird ein magischer Augenblick sein.

Der Kosmische Rat hat sich lange auf diesen Augenblick vorbereitet, und es ist ihm eine Ehre, deine Person mit der mächtigen göttlichen Frequenz zu verbinden.

Übung

Setze dich gemütlich hin und atme tief.

Bedanke dich bei dir selbst für deine Arbeit an dir und dafür, dass du hier bist.

Bedanke dich bei deinen Lichtgefährten, die dich durch diese Inkarnation begleiten.

Bedanke dich für alle Situationen in deinem Leben, die dich wachsen ließen.

Bedanke dich bei allen menschlichen Kollegen, die dich in dieser Inkarnation begleiten und noch begleiten werden und denen du bisher begegnet bist.

Öffne jetzt dein Herz und sei bereit, den heilenden, wohltuenden und mächtigen göttlichen Lichtstrahl anzunehmen – den Lichtstrahl, der es dir ermöglicht, die Lichtfrequenz deines Körpers anzuheben, und der neue Prozesse in dir entstehen lässt, die deine Anzahl an DNA-Strängen weiter erhöht.

Konzentriere dich auf dein Herz. Der Lichtstrahl wird jetzt aktiviert und ununterbrochen durch dein Herz fließen. Er wird dein Herz fortwährend mit göttlicher Energie versorgen und dadurch auch mit der kostbaren Information der göttlichen Ordnung …

Der göttlichen Ordnung und des göttlichen Plans. Des Plans der absoluten Normalität und Komplexität. Des Plans der bedingungslosen Liebe und des Lichts.

Nimm diese Information und das göttliche Geschenk an.

Nimm es in Dankbarkeit an.

Lass den Kosmischen Rat mindestens zwanzig Minuten lang wirken.

Der göttliche Strahl, der für die Wiederanbindung der DNA bestimmt ist, schwingt hoch aufgeladen mit kosmischer Musik und wunderschönen Klängen. Die liebevollen Klangfrequenzen helfen dir bei deinem Prozess.

Nimm den Strahl mit Dankbarkeit an und integriere ihn in deinen ganzen Körper. Lasse ihn sich aus deinem Herzen in deinen ganzen Körper ergießen.

Wir danken dir für dein Handeln. Wir wünschen dir viel Erfolg und ein schnelles Vorrücken zu deinem Ziel.

Diese Übung kannst du so oft durchführen, wie du es für richtig hältst. Du kannst dir sicher sein, der Kosmische Rat wird dich erhören, und er ist jederzeit bereit, alles mit dir zu wiederholen und neu zu aktivieren.

Jeder von euch ist unglaublich wichtig, und jeder von euch trägt den Schlüssel in sich. Jedem von euch ist der Kosmische Rat dankbar, dass ihr durch euer Handeln Licht in euch und um euch herum verbreitet und höher und höher steigt und eure Nächsten mitnehmt.

Wir danken dir dafür!

25

Weitere wichtige von Orella übermittelte Informationen

In letzter Zeit haben sich unsere Besuche auf eurem Planeten gehäuft. Die wachsende Zahl dient eurem Schutz und der Übergabe schützender Impulse, welche euch helfen können, die telepathische Sprache des Universums zu entschlüsseln.

Unsere vermehrten Besuche auf eurem Planeten können bislang recht gut vor dem Teil der Öffentlichkeit geheim gehalten werden, der unser Handeln noch nicht versteht. Dabei befindet sich gegenwärtig eine weitaus größere Anzahl außerirdischer Flotten im Umfeld eures Planeten, als bisher angenommen wurde. Ihr seht, dass die Rettung eures Planeten auch vielen anderen außerirdischen Zivilisationen wichtig ist.

Außerdem entsteht zurzeit eine beträchtliche Menge an Kornkreisen. Ihr wisst, dass dies Botschaften sind. Botschaften, die grundsätzliche Gedanken vor allem für die Rettung des Planeten und die Rettung der menschlichen Rasse beinhalten.

Sie werden an verschiedenen Orten des Planeten erzeugt, viele davon in Russland und Afrika, und tragen eine Frequenz in sich, die eure Erde heilt, indem sie die Netze der Erdmatrix verbindet. Ihr Ziel ist es, alle Erdteile durch eine bestimmte

Signatur untereinander zu verbinden und so die Energiefrequenz der Erde zu erhöhen.

Die Kornkreise entstehen vor allem nachts, wenn unsere oder andere außerirdische Zivilisationen dies ungestört ausführen können. Es dauert nur wenige Minuten. Alles läuft auf der Basis vorher festgelegter Schablonen und unserer visuellen Programme ab.

Wir arbeiten mit magnetischen Geräten, die die Getreideähren am Boden gedrückt halten, sodass eure Gemeinschaft sich an den wunderschönen Formen erfreuen kann. Die Umgebung wird dabei energetisch harmonisiert und in mehreren Kilometern Umkreis positiv aufgeladen – mit großer Heilkraft aufgeladen. Schließlich sollen die Kornkreise sich über die Erdlinien untereinander verbinden und den Planeten heilen.

Ein Aufenthalt in einem solchen Kornkreis sichert euch die Transformation aller negativen Verbindungen, die ihr in eurem Körper tragt. Die Heilkraft ist stark spürbar, weil wir die Liebe und Kraft unserer geheilten, harmonisierten Planeten hineingelegt haben.

Schon zwanzig Minuten an einem solchen magischen Ort reichen aus, damit eure Zellen zu einer Regeneration fähig sind, für die sie normalerweise sieben oder mehr Erdenjahre brauchen würden – unter der Voraussetzung, dass ihr euren Körper jeden Tag energetisch durchleuchten und ernähren würdet.

Dadurch, dass euer Körper und euer System angehäufte Negativitäten emotionaler und gedanklicher Art transformiert, ist er in der Lage, in sehr kurzer Zeit zu heilen. Viele Menschen mit Tumorerkrankungen, die sich in einem Kornkreis aufgehalten haben, haben ihre angesammelten Belastungen abgeworfen. Ihre Zellen haben sich regeneriert, und der Körper war in der Lage, wieder gesund zu werden.

Wir lassen noch viel mehr derartige Informationen entstehen. So haben wir die Möglichkeit, eurem Planeten unmittelbar und mit sofortiger Wirkung zu helfen. Nicht nur durch Kornkreise. Auch eure Bergriesen laden wir in letzter Zeit mit positiver Kraft auf und heben dadurch die Energiefrequenz eures Planeten an.

Die Unterstützung der Natur ist sehr wichtig. Schon bald wird der Kosmische Rat euch aufrufen, eure Gedanken zugunsten der Rettung eurer Natur zu verbinden. In den nächsten Jahren werden immer zeitgleich auf einigen Kontinenten Kreismuster in Getreidefeldern entstehen, wodurch ihr die Möglichkeit erhaltet, eure menschliche Kraft zu verbinden und dem Planeten eine weltweite Hilfe zuteil werden zu lassen.

Ihr werdet aufgerufen, euch auf allen Kontinenten gleichzeitig bei diesen Formationen einzufinden und und dem Planeten Erde durch Meditation positive Kraft zu schicken. Ihr werdet aufgerufen, euch mit euren kosmischen Familien zu verbinden – immer in der Absicht, die kosmische Energie auf eurem Planeten anzuheben.

Wir lassen uns täglich vom Kosmischen Rat beraten und bemühen uns täglich mit aller Kraft, die menschlichen Gemeinschaft zu unterstützen. Ihr steht an der Schwelle und gleichzeitig auch am Höhepunkt einer neuen Zeit, die euch Erleichterung auf allen Ebenen bringen wird. Aber es wartet noch viel Arbeit auf euch, ohne die die planetarischen Veränderungen nicht verwirklicht werden könnten.

Auf eure Arbeit und Mithilfe können weder ihr noch wir verzichten. Es ist einfach nicht möglich, dass jemand anderes die Rettung eures Planeten für euch vollzieht. Die meiste energetische Arbeit und Initiative muss von euch selbst kommen.

Wir dürfen euch nur unterstützen.

Nach Jahrtausenden der Dunkelheit gelingt es dem kosmischen Lichtstrahl, der Informationen der göttlichen Energie in sich trägt, endlich, durchzudringen. Endlich wird kosmisches Licht auf eure Erde fallen, das bisher nicht zu euch durchdringen konnte und auch jetzt, da ihr diese Zeilen lest, noch nicht durchdringt!

Erst nach der 100-prozentigen Transformation aller Negativitäten wird das kosmische Licht sich in voller Kraft und Schönheit auf der Erde entfalten können.

Es werden wundervolle Energien zu euch kommen, die ihr bisher nicht erleben konntet – Energien, die euren Körper regenerieren, heilen und nähren.

Ihr versteht sicherlich, dass die Arbeit mit dem universellen Licht globale Bedeutung hat. Sie hilft euch, das Leben auf allen Ebenen zu verbessern. Die Zeit der Dunkelheit und der dunklen Elemente in euch und um euch herum hat euren Körpern die Lebenskraft geraubt und euch um den vollständigen Zugang zur kosmischen Energie gebracht.

Ganze Jahrtausende lang habt ihr in der Illusion gelebt, dass ein solches menschliches Leben ganz normal sei. Ihr wart so sehr durch die dunklen Mächte beeinflusst, dass ihr das Wesen des Lebens einfach nicht verstehen konntet. Ihr habt keine entsprechenden Informationen erhalten, und so hat die menschliche Gesellschaft auf dem wunderschönen Planeten Erde bisher unter dem Schleier falscher Angaben gelebt.

Ihr habt *nicht* die volle kosmische Energie erhalten, und eure Herzen konnten die Verbindung mit der kosmischen Kraft *nicht* erleben. Ihr wurdet auf allen Ebenen geschwächt.

Wenn wir die menschliche Gesellschaft jetzt aus unserer Perspektive betrachten, sehen wir deutlich, wie viele menschliche Individuen gerade aufwachen, wie viele schon aufgewacht sind und wie viele bereits fast in voller Blüte leben.

In voller Blüte zu leben ist das *Ziel* eures Seins, und es wird den Menschen schon bald gelingen.

Zuvor dürft ihr noch die letzten dunklen Belastungen auf eurem Planeten transformieren – und danach könnt ihr euch voll von der kosmischen Kraft ernähren.

Euer Körper und eure Seele werden Energien beziehen, die durch die göttliche Intelligenz für euch programmiert worden sind. Ihr gelangt dann in den Zustand der »Normalität«, der von Individuen auf anderen friedliebenden Planeten bereits gelebt werden darf. Bisher lebt ihr noch unter einem Schleier, der gelüftet werden muss, sodass Körper und Seele so leben können, wie es von der göttlichen Intelligenz erdacht war.

Das Spektrum der kosmischen Energie trägt alle Lichtnuancen in sich. Und ihr braucht auch sämtliche Farbtöne, damit euer Körper nicht altert und sich ganz leicht regenerieren kann. Auf unseren Planeten in den Plejaden gibt es jegliche Farbspektren – und von denen ernähren sich unsere Körper, durch sie regenerieren sie sich mithilfe der Chakren.

Auch eure Chakren brauchen alle Farben des Universums. Deshalb versucht euch so viel wie möglich draußen aufzuhalten und lasst durch euer Kronenchakra alle Farbtöne in euren Körper einströmen. Selbst, wenn sie noch nicht in voller Stärke zu euch kommen.

∞

Viele Propheten und Weise eurer Gesellschaft haben mit uns und anderen friedliebenden Gemeinschaften ständig Kontakt. Deshalb sind ihre Vorhersagen über eure Zukunft auch größtenteils richtig. Wie es uns freut, euch das zu bestätigen!

Die Zeit der Sklaverei wird schon sehr bald vergehen. Dann beginnt eine Zeit, die ihr das »Goldene Zeitalter« nennt.

Gerne begleiten wir euch auch weiterhin und übergeben euch die Kraft des Kosmos.

Die Kraft des Kosmos könnt ihr wenigstens teilweise in den Kreisformationen der Getreidefelder aufnehmen – und euch so der kosmischen Energie annähern!

26

Danksagung an die Engel und Lichtwesen

Alle Botschaften in diesem Buch haben wir euch mit Liebe im Herzen und mit den reinsten Absichten übermittelt. Aber wir hätten es nicht tun können ohne unsere eigenen Lichthelfer. Auch, dass wir in unsere siebte Dimension gelangt sind, verdanken wir *unseren* Engelwesen.

Ja, uns begleiten ebenfalls liebevolle geistige Helfer. Auf sie könnten wir nicht verzichten, und ohne sie wäre unser Aufstieg in höhere Sphären weitaus beschwerlicher gewesen. Deshalb möchten wir diese Gelegenheit nutzen und hiermit *allen* Lichtwesen, auch denen, die *uns* begleiten, unseren Dank und unsere Anerkennung aussprechen.

Jeder von euch hat sich für die Inkarnation auf dem Planeten Erde mindestens einen Schutzengel mitgebracht. Dieser Schutzengel ist mit euch auf den Planeten Erde herabgestiegen, um euch die ganze irdische Inkarnation über zu begleiten. Nach Beendigung eurer Reise auf diesem Planeten steigt er mit euch wieder in höhere Sphären auf.

Er sorgt für euch, er begleitet euch. Es beginnt bei der Geburt des irdischen Kindes. Der Schutzengel und andere Lichtbegleiter heißen das neugeborene Baby willkommen und verbinden die Aura der Mutter mit derjenigen des Kindes. Die miteinander verbundenen Auren rufen in der Mutter ihre mütterliche Liebe hervor, die bedingungslose Liebe zum Kind. Deshalb durchleben irdische Mütter so magische Augenblicke, wenn sie ihr Baby anschauen oder es in ihren Händen halten. Und dann, durch das instinktive Halten des Babys an ihrem Herzen, vertieft sich die Liebe zu ihrem Kind noch.

Der ganze Raum, in dem sich die Mutter mit dem Neugeborenen befindet, ist mit Engeln gefüllt. Auch die lichtvolle Verwandtschaft kommt, die sich im Raum der Unendlichkeit befindet, und segnet das Leben des Kindes. Der Raum erstrahlt und ist von göttlicher Liebe durchdrungen. Die Lichtwelt freut sich über diesen Augenblick.

Das Kind hat sich durch das Herabkommen auf die Erde teilweise von seinem Höheren Ich abgetrennt. Das Höhere Ich befindet sich weiter in der Dimension der Unendlichkeit. Es ist aber notwendig, dass das Kind in so engem Kontakt wie möglich mit seinem Höheren Ich bleibt. Auch dafür sorgen die Lichtwesen, das gehört zu ihren Aufgaben.

Bei seinem Höheren Ich hat das Kind seinen Plan für die irdische Inkarnation abgelegt, für seine höhere Aufgabe auf diesem Planeten. Das Höhere Selbst führt den Menschen durch seine Inkarnation. Deshalb sollte auch der Erwachsene seinen Kontakt mit dem Höheren Selbst nicht unterbrechen, weil er sonst von seinem Weg abkommt.

Mindestens einen Schutzengel hat jeder von euch bei sich, und wenn ihr es wollt und darum bittet, könnt ihr von der Lichtwelt so viele weitere Engelwesen bekommen, wie ihr möchtet und braucht.

Ihr steht außerdem noch in direkter Verbindung mit den Mitgliedern eurer Familie und euren Verwandten, die sich gerade im Licht befinden.

Viele von euch sind sich dessen gar nicht bewusst, aber wenn wir euch mit unserer Sehkraft wahrnehmen, können wir bezeugen, dass sich um euch herum und über euch eine schier unendliche Menge an Lichtwesen bewegt. Ihr seid *niemals* allein. Ihr könnt euch *jederzeit* an eure Lichtfamilie und an die Engelwesen wenden.

Viele Erdenmenschen trauern über den Verlust eines nahestehenden Menschen. Das ist verständlich. Er stirbt, und ihr wähnt ihn für immer verloren. Aber wir können euch versichern, dass eure Liebsten im Licht stets unmittelbar bei euch sind. Sie befinden sich nur in einer anderen Dimension und haben eine lichtvolle Form angenommen.

Bei jedem Gedanken an eure Liebsten nehmt ihr direkt und augenblicklich Kontakt mit ihnen auf.

In der Dimension der Unendlichkeit, wie ihr sie oft nennt, fallen alle Grenzen und Gesetze der irdischen Welt. Eure Liebsten haben kein Problem mehr mit irgendwelchen Hindernissen, wie Raum und Zeit sie für euch bereit halten. In der Dimension der Unendlichkeit gelten andere Gesetze als in der irdischen Dimension. Hier gibt es nur bedingungslose Liebe, ein herrlich wohltuendes Licht und wunderschöne Farben, die ihr erst sehen und wahrnehmen könnt, wenn ihr euch ebenfalls in dieser Dimension befindet.

Die Vielfalt und Fülle, von der eure Liebsten hier umgeben sind, ist schwer zu beschreiben und sprengt eure Vorstellungskraft. Sie kann wirklich nur in Superlativen dargestellt werden. Jedenfalls geht es allen hier ausgesprochen gut. Wenn jemand im irdischen Leben Schmerzen hatte, so hat er den auf der Erde zurückgelassen und lebt jetzt mit bedingungsloser Liebe im Herzen und genießt die wohltuenden Frequenzen.

Natürlich wissen wir, dass jeder Abschied von einer geliebten Person für euch schmerzhaft ist, aber lasst eure Liebsten sich über die neu gewonnene Freiheit und Verbindung zu

Gott freuen! Es gibt nichts Schöneres als die Begegnung mit der eigenen Essenz! Sie zeigt euch die Anbindung an die Liebe Gottes. Versucht deshalb, nicht allzu sehr um eure Liebsten zu trauern. Es geht ihnen überaus gut in der Dimension der Unendlichkeit, und eure Trauer zieht sie in niedrigere Sphären herunter.

Denkt immer daran: Eure Verwandten und Liebsten sind im Licht nur ein kleines Stück von euch entfernt. Sie verständigen sich dort telepathisch, und dadurch können sie auch eure Gedanken lesen und wahrnehmen.

Übergebt die Sorgen, die ihr habt, eurer Lichtfamilie. Sie wartet nur darauf, euch helfen zu dürfen. Sie hat es sich zur Aufgabe gemacht, in euren irdischen Angelegenheiten die Situation jeweils so einzurichten, wie ihr es braucht.

Und dabei steht eure Lichtfamilie in direktem Kontakt zur Engelwelt. Alle bilden – wie sie oft sagen – »ein Ganzes«. Die Lichtwesen verständigen sich untereinander in der Lichtsprache, und wenn ihr euch an die Engelwesen anbindet und sie um Hilfe bittet, habt ihr stets eine Gruppe von Lichtwesen um euch herum, die nur ein einziges Ziel hat – euch zu helfen und eure Wünsche zu erfüllen.

Ihr seid niemals allein, und das macht euch bewusst!

Indem ihr euch bewusst macht, dass euch Lichtwesen umgeben, steht ihr bereits in direktem Kontakt mit ihnen. Und in Zusammenarbeit mit eurer Lichtfamilie und euren Lichtwesen laufen eure irdischen Angelegenheiten alle viel einfacher ab.

Die Lichtwesen sind Engel – liebevolle, friedliebende, feinstoffliche Wesen, die in der Zeit von Atlantis mit euch auf den Planeten Erde herabgestiegen sind. Ihre Liebe zu den Menschen ist so stark, dass sie euch niemals verlassen. Sie sind in jeder Situation bei euch und verbinden euch durch ihre Liebe mit der Liebe der göttlichen Intelligenz.

In unseren Augen sind sie die ausdauerndsten Lichthelfer. Sie helfen und begleiten euch in jeder erdenklichen Situation. Bei physischen Problemen treten sie mit ihrem Licht in euren Körper und in eure Aura ein und reinigen alles Negative, was euch belastet.

Ihre Hilfe ist wahrlich unerschöpflich. Das Helfen ist für sie Bestimmung und göttliche Aufgabe zugleich, und wenn ihr mit diesen wundervollen Engeln kommuniziert, freuen sie sich über alle Maßen – und ihre Freude und Liebe überträgt sich unmittelbar auf euch!

Diese Engel verbinden euch, wie gesagt, mit der Liebe Gottes. Doch leider gibt es noch immer viele Menschen, die sich nicht trauen, sich zu verbinden und direkt die göttliche Kraft in Anspruch zu nehmen. Dabei helfen die Engel jedem Einzelnen. Sie sind Boten Gottes und leiten die Bitten der menschlichen Wesen an die göttliche Intelligenz weiter.

Diejenigen von euch, die mit Engelwesen zusammenarbeiten, können bezeugen, dass ihr irdisches Leben oft ein Leben voll »glücklicher Zufälle« ist. Für sie lösen sich Situationen immer wieder zum Positiven auf, weil sie es Hand in Hand mit den Engeln durchleben.

Sie wissen: Wenn ihr die Engel bittet, mit euren geistigen Helfern zusammenzuarbeiten, haben sie die Möglichkeit und eine gute Chance, die jeweilige Situation, in der ihr euch gerade befindet, zu eurem besten Wohl zu klären. In dem Bemühen, die geeignetste Lösung für euch zu finden, verbinden sie sich auch mit euren Liebsten im Licht.

Lösungen für die unterschiedlichsten Situationen kommen aus der Lichtwelt und von den Lichtwesen. Sie leisten bedingungslose Hilfe und vollbringen Wunder. Ihre Hilfe wurde uns von der göttlichen Intelligenz bereit gestellt – und alle haben ausnahmslos die Möglichkeit, diese Hilfe positiv zu nutzen und Gottes Liebe zu spüren.

Im Grunde sind Engelwesen unterschiedlich strahlende Farblichter. Durch ihr Wirken verbinden sie eure Person mit denjenigen Lichtfrequenzen eurer Galaxis, die für eure Heilung oder euer spirituelles Wachstum gerade erforderlich sind.

Wenn euch die Engel erscheinen, zeigen sie sich oft in einem menschlichen Körper, um euch die Kommunikation mit ihnen zu erleichtern. Manchmal könnt ihr sie auch als winzig kleine Funken um euch herum tanzen sehen. Am leichtesten lassen sie sich nachts erspähen, weil euer menschlicher Sehsinn in der Dunkelheit die Lichtwelt besser wahrnehmen kann. Auch diese winzigen Lichtlein sind eure Engel – ihr seht dann das *Strahlen* der Engel, das euch immerzu umgibt und euren Körper und eure Aura durchdringt.

Versucht, dieser Lichterchen gewahr zu werden. Konzentriert euch darauf, welche Farbe sie haben. Wenn sich Lichterchen von weißer, silberner oder gar goldener Farbe um euch herum befinden, handelt es sich um die Anwesenheit eurer *persönlichen* Engel. Beobachtet ihr andere Farbeffekte, handelt es sich um Erzengel. Wahrscheinlich habt ihr dann in eurer Situation um Hilfe gebeten, und eure persönlichen Schutzengel haben die *Erzengel* herbeigerufen und sich mit ihrer positiven Kraft und Liebe verbunden.

Wie schon gesagt, sind Engel ganz ausdauernde Helfer – und sie unterscheiden sich voneinander. Nicht nur der Engel vom Erzengel. Die Lichtintensität des jeweiligen Engels kündet zum Beispiel davon, wie stark seine Anbindung an die göttliche Energie ist. Eines haben sie aber alle gemeinsam: die absolute und unerschöpfliche Liebe zu euch Menschen und allen Tierwesen, die sich auf eurem Planeten befinden. Ohne Ausnahme.

Wendet euch an eure Engel, wann immer ihr es braucht. Ihr macht ihnen damit eine Freude, denn schließlich ist das Helfen ihre Berufung.

Auch wir können euch hören und zu Hilfe eilen, aber eure Engel sind immer bei euch. Sie sind immer in eurer unmittelbaren Nähe und befinden sich ständig an der Erdoberfläche. Sie stehen euch immer zur Verfügung und sind euch nahe.

Nun habt ihr die Möglichkeit, wenn ihr es wollt, euch gezielt bei euren Engeln und Lichtbegleitern zu bedanken. Wenn ihr diese Danksagung laut aussprecht, verstärkt ihr die Frequenz eurer Dankbarkeit ihnen gegenüber.

Danksagung

Meine lieben Engel und Lichtbegleiter!

Ich danke euch von ganzem Herzen dafür, dass ihr jeden Tag an meiner Seite steht, mir helft, mich beschützt und meine Wünsche erfüllt.

Ich danke euch, dass ihr für mich hier seid und mich durch eure liebevolle Frequenz mit der Liebe Gottes verbindet.

Verbindet mich bitte auch mit meinem Höheren Ich, das sich in der Dimension der Unendlichkeit befindet.

Ich danke euch für alle Zeiten, in denen ihr mich begleitet habt und in denen ihr mich noch begleiten werdet.

Ich danke euch von ganzem Herzen.

Ich segne euch, ich segne mich.

Eure Engel freuen sich, wenn ihr sie in der Früh begrüßt und ihr euch auch gegenseitig einen schönen und erfolgreichen Tag wünscht. Wenn ihr abends zu Bett geht, bedankt euch für den erlebten Tag. Vergesst niemals: Jeder Tag auf dem Planeten Erde ist ein Geschenk, und euer Wirken hier ist auf eine bestimmte Zeit begrenzt. Durchlebt deshalb jeden Tag so freudig und positiv, wie es euch möglich ist.

Eure Lichtbegleiter freuen sich, wenn ihr ein gutes Leben führt. Es geht ihnen gut, wenn es euch gut geht.

Anmerkung der Autorin

Bei der Niederschrift dieses Kapitels habe ich ständig strahlende Funken um meinen Schreibblock herum gesehen. Sie haben immerzu aufgeblitzt und getanzt.

Ich habe die Anwesenheit der Engelwelt gespürt – und auch, wie dankbar sie dafür waren, dass dieser Text ihnen gewidmet wurde. Die Funken sind sofort aufgetaucht, als ich angefangen habe, die ersten Worte des Kapitels niederzuschreiben, und dabei hatte ich keine Ahnung, welches Thema durch die plejadische Zivilisation diktiert wird.

Für mich hat sich wieder einmal bestätigt, dass die Lichtwesen »ein Ganzes« und untereinander in allen Zeiten und Räumen absolut verbunden sind. Die Kommunikation unter ihnen durch die Lichtsprache funktioniert zu 100 Prozent.

Auch ich danke der Engelwelt und der Lichtwelt von ganzem Herzen!

27

Die Akasha-Chronik

Es war uns eine große Ehre, euch diese Botschaften mitzuteilen. Die Informationen haben wir vom Kosmischen Rat oder direkt von der göttlichen Intelligenz erhalten. Und die göttliche Intelligenz ist unfehlbar. Unfehlbar in jeder Hinsicht. In ihrer Weisheit, in ihrer Liebe und Kraft, in ihrem Licht und ihrer Unendlichkeit …

Absolut in allem.

Die Informationen, die wir erhalten haben, haben wir weitergegeben – an euch. Wir wollten, dass ihr versteht, wo sich eure menschliche Rasse hinbewegt und welche Richtung ihr stattdessen einschlagen solltet. Auf offene Fragen, die zu eurem größeren Verständnis und zur weiteren Klärung jetzt vielleicht noch erforderlich sind, bekommt ihr Antworten, wenn ihr gelernt habt, euch direkt und ohne irgendwelche Hilfsmittel an die göttliche Intelligenz anzubinden. Das ist mühelos möglich.

Indem ihr immerzu wachst und euch mit dem Licht verbindet, haltet ihr einen mächtigen Schlüssel in der Hand. Den Schlüssel zum Wissen der göttlichen Intelligenz. Den Schlüssel zu ihren euch zugänglichen Informationen.

Unzählige Male haben wir in unseren Botschaften übermittelt, wie enorm wichtig es ist, euer Herz zu reinigen. Das ist der Schlüssel zur Anbindung: euer Herz mit der Liebe und den Gesetzen des Universums zu füllen. Ist euer Herz rein, könnt ihr euch an die Informationen der göttlichen Intelligenz anbinden. An Informationen, die im Zentralwissen codiert sind – in der »Akasha-Chronik«, wie ihr es nennt.

Durch das Anbinden an die Chronik eröffnen sich euch neue Möglichkeiten: Euer Horizont erweitert sich. Diese Chronik ist eine enorme Anhäufung von Informationsfeldern und befindet sich in euch zugänglichen Dimensionen. Gebraucht euren Geist und eure Seele. Euer Geist und eure Seele kennen Zeit und Raum nicht. Deshalb ist es für sie kein Problem, sich mit diesen Informationsfeldern zu verbinden.

Das Weltall ist unendlich in seiner Größe, Kraft und Liebe, aber die Netzwerke der Akasha-Chronik befinden sich in einer Dimension, die eigens für dieses Wissen angelegt wurde. Mit eurem Geist und eurer Seele seid ihr nur einen Bruchteil der Ewigkeit davon entfernt und könnt euch mit ihr verbinden, wann immer ihr wollt.

Die Informationen, welche die Chronik enthält, sind grenzenlos. Ihre Eigenschaften lassen sich nur in Superlativen bezeichnen. Auch die Botschaften, die wir euch übermittelten, sind teilweise dieser Chronik entnommen. Und mit einem reinen Herzen ist es möglich, sich *jederzeit* mit ihr zu verbinden. Mit einer reinen Absicht ist es euch möglich, daraus Informationen zu beziehen, die *unermesslich* nützlich für euch sind.

Das Mega-Wissen, das hier codiert ist, bildet eine gewaltige Masse kosmischer Materie. Hier ist im wahrsten Sinne des Wortes *alles* gespeichert: das Wissen um die Entstehung des Universums, sein Werden und Vergehen, das Wissen über alle Wesen und Lebensformen überhaupt.

Für eure menschliche Gesellschaft könnt ihr hier Informationen über euren Ursprung finden, über eure eigene Entstehung, über die Genetik des menschlichen Körpers. Informationen über die verschiedensten Bereiche und Fachgebiete eurer Gesellschaft. Informationen über eure Geschichte. Eure *wahre* Geschichte. Über schlichtweg alles ...

Jedes einzelne menschliche Individuum ist in dieser Chronik verzeichnet: seine Eigenschaften, seine Wissensentwicklung, seine bisherige und seine zukünftige Inkarnationsreihe – jede Situation, die der oder die Betreffende erlebt hat. Alle Emotionen und Gedanken, die sich um das Individuum gelegt haben und sich in ihm befinden, sind hier gespeichert, jedes noch so kleine Detail, einschließlich seines Lebensplans.

Absolut alles.

Viele Heiler und Hellseher unter euch sind an diese Chronik angebunden. Sie lassen sich Informationen geben, die etwa für die Heilung einer bestimmten Person notwendig sind. Jede Information wird herausgegeben, aber nur unter der Voraussetzung, dass sie nicht missbraucht wird. Die göttliche Intelligenz gibt niemals Informationen frei, die einer Person nicht zu ihrem Wohl gereichen würden.

Ebensowenig gibt sie Informationen aus der Chronik über die Zukunft des Individuums frei, wenn dessen Schicksal durch eine bestimmte Information beeinflusst werden könnte. Informationen zu erhalten, die dieser Person auf ihrem Lebensweg helfen, ist allerdings durchaus möglich, sofern sie ihren Weg bereits »angetreten« hat und es keinen Zweifel daran gibt, dass sie »unterwegs« ist.

Auch im Falle einer höheren Aufgabe auf dem Planeten Erde wird den betreffenden Personen sehr geholfen. Wenn die dunklen Mächte die Entwicklung des Individuums bremsen, werden augenblicklich helfende Impulse gegeben.

Die göttliche Intelligenz gibt nur solche Informationen frei, die der Seele in ihrer Entwicklung helfen und die in absolutem Einklang mit der göttlichen Ordnung stehen. Dabei ist es jedem positiv denkenden Wesen erlaubt, in die Dimension des kosmischen Wissens vorzudringen und sich selbst oder anderen zu helfen. Damit auch ihr euch direkt und ohne »Vermittler« mit der Chronik verbinden könnt, braucht ihr lediglich eine reine Absicht, ein reines Herz und einen Körper und eine Aura, die durchleuchtet ist.

Ebenfalls möglich ist es, sich an die Wissensfelder bestimmter Persönlichkeiten anzubinden. Es geht ganz einfach. Jegliches Wissen, das der Mensch bei seiner Entwicklung angesammelt hat und das der Entwicklung der menschlichen Zivilisation nützen könnte, wird augenblicklich von der Chronik freigegeben. Beispielsweise das Wissen bestimmter spiritueller Schriftsteller oder Weiser, das zur Entfaltung der seelischen Entwicklung beiträgt.

Ihr könnt euch auch direkt mit ihrer *Person* verbinden. Die Seele des Betreffenden verbindet euch dann sofort mit dem Wissen, das in der Chronik gespeichert ist. Dabei könnt ihr euch an lebende oder nicht lebende Personen anbinden. Das spielt in dieser Realität überhaupt keine Rolle, und für die Seele, die unendlich ist, stellt es kein Problem dar.

Die Inhalte aus der Chronik helfen auch Ärzten, Menschenleben zu retten. Sie helfen allen menschlichen Wesen, die im reinsten Interesse und mit Liebe im Herzen handeln.

Glaubt daran, dass ihr alle, ihr, die bewussten und seelisch strahlenden Menschen, Zugang zur Chronik des Wissens habt. Ihr, alle Wesen, die ihr euch auf diesem Planeten befindet, tragt einen Teil der göttlichen Intelligenz in euch.

Absolut alle.

Jeder Einzelne von euch wirkt mit am göttlichen Plan. Jeder von euch, und ihr alle zusammen. Es ist ein Plan, der euch zur Vollkommenheit und Ganzheit führen soll. Ein Plan der göttlichen Liebe, der in jedem von euch angelegt ist, ein Plan der göttlichen Liebe, die ihr alle ohne Ausnahme und absolut umfassend empfangen könnt.

Die göttliche Intelligenz ist unendlich und strahlend. Eure Seele, die Essenz eurer Seele, wünscht sich, immer in dieser unendlichen Strahlkraft zu sein.

Bitte macht euch eines klar – so klar, dass kein Zweifel mehr besteht: Es kommt nicht darauf an, ob die Seele sich gerade in der Dimension der Unendlichkeit befindet oder als irdische Inkarnation in einem menschlichen Körper. Es kommt nicht darauf an, auf welchem Teil der Erdkugel sie sich befindet. Jede menschliche Seele sehnt sich nach ihrem Wesen und nach der Durchleuchtung ihrer reinen Essenz.

Jede Seele ist Teil der göttlichen Liebe, und dorthin wird sie in ihrer Entwicklung gezogen.

Die göttliche Energie ist für eure Wahrnehmung der größte Ozean, den ihr euch vorstellen könnt. Unermesslich und riesig, und wenn ihr ans Ende des Horizonts gelangt, erscheinen neue Horizonte. Niemals endende Horizonte – und genau wie im Ozean gibt es auch unendliche Tiefen, die ihr bislang noch nicht erforschen konntet.

Jeder Tropfen im Ozean ist einzigartig, und doch enthält jeder Tropfen die gleiche Zusammensetzung wie der Rest des Ozeans. Jeder Tropfen bildet einen Teil des Ganzen, und das Ganze könnte auf die einzelnen Tropfen nicht verzichten.

Auch ihr bildet einen Teil dieses riesigen, unermesslichen Ozeans. Erst eine ruhige Wasseroberfläche macht es euch möglich, auf dem Ozean zu treiben, die Überfahrt mit allen Sinnen wahrzunehmen und die Reise zu genießen.

Wenn ihr ins Wasser eintaucht, stellt ihr fest, dass sich eure Wahrnehmung wieder verändert. Daran könnt ihr erkennen, wie unterschiedlich die Wege zum Ziel sein können.

Wählt den Weg auf der glatten Wasseroberfläche. Vielleicht dauert euer Weg zum Ziel länger als der Weg über den Fluss, aber auf diese Weise wird keine Gefahr auf euch lauern, und ihr gelangt mit Sicherheit ans Ziel.

Die göttliche Energie und Intelligenz liebt jeden von euch. Jeden Einzelnen ohne Ausnahme. Jeden Tropfen im Ozean, die sich möglicherweise verschieden fühlen, aber im Grunde enthalten sie alle die gleiche Essenz.

Ihr alle seid Kinder der göttlichen Liebe, und die göttliche Liebe macht keinen Unterschied.

Es kommt darauf an, wer von euch sich der göttlichen Liebe annähern möchte, und es kommt darauf an, wer von euch in der Lage ist, sie zu empfangen.

Die Verbindung zwischen eurer reinen Essenz und der reinen Liebe des Universums ist das schönste Gefühl, das uns allen geschenkt wurde.

Dieses Gefühl, diese Wahrnehmung, könnt ihr im menschlichen Körper erleben. Im menschlichen Körper und in dieser Inkarnation.

Euer Wille genügt!

Mit Liebe in unseren Herzen –
Eure plejadischen Begleiter

Frieden mit euch!
Frieden mit uns!

Nachwort

Liebe Leserinnen und Leser,

bei diesen schönen Worten, die uns die plejadische Zivilisation geschenkt und mit denen sie sich gleichzeitig verabschiedet hat, habe ich unendlich große Dankbarkeit und Verbundenheit empfunden.

In den unzähligen Stunden, die ich mit der Niederschrift der Botschaften verbracht habe, hatte ich das Gefühl, dass sich unsere »Freundschaft« immer weiter vertieft, die Kontakte noch intensiver werden und die gedachte Grenze, die wir Menschen oft im Geiste selbst ziehen, mich nicht mehr von ihnen trennt.

Es ist eine *fiktive* Grenze, die wir alle überwinden können.

Ich habe verstanden, wie nahe die Plejader uns sind und wie sehr sie uns helfen möchten. Ihre Hilfe und Liebe zu uns sind wirklich unerschöpflich, und sie haben ein klares Ziel – uns beizustehen, uns von der »Erdoberfläche« anzuheben und, wie sie häufig sagen, über unseren Horizont hinaus blicken zu lassen, damit wir die Zusammenhänge besser verstehen, die unsere Entwicklung betreffen.

Ich denke, dass es ihnen gelungen ist.

Diese Zeilen schreibe ich gleich nach Beendigung des letzten Kapitels. Ich weiß, dass die Plejader sich noch in meiner körperlichen Nähe befinden. Ich kann sie wahrnehmen.

Ich weiß, dass sie sich für eine gewisse Zeit verabschieden wollen, und ich weiß, dass sie sich, wie es schon oft der Fall war, bei mir für meine Zeit und meine Geduld bedanken.

Obwohl ich ein bisschen traurig bin, dass sich unser gemeinsames Projekt, das mir viel Freude bereitet hat, langsam dem Ende zuneigt, durchläuft mich doch eine Welle des Glücks und der Freude nach der anderen darüber, dass auch diese neuen Botschaften wieder zu euch Lesern gelangen dürfen. Sie können dabei helfen, eure Seelen zu durchleuchten – und somit einen Teil unseres Planeten.

Es bleibt mir nichts anderes übrig, als selbst DANKE zu sagen. Ich danke meiner kosmischen Familie, die mir die Botschaften übermittelt hat.

Ich verabschiede mich nun einstweilen von ihr, und ich verabschiede mich von euch, liebe Lichtboten.

Ich wünsche euch viel Glück, Liebe und Licht bei eurer Fahrt auf dem kosmischen Ozean.

Seid gesegnet!

Bonus 1: Zahlenreihe

Diese Zahlenreihe ist für euch Leser positiv und sehr stark durch die plejadische Gemeinschaft aufgeladen worden. Wenn ihr eure Hände auf sie drauflegt, werdet ihr sofort mit der Frequenz der Zahlenreihe verbunden. Diese Zahlenreihe wirkt, wie in dem Kapitel *Ein neuer Zahlencode für das Wachstum eurer Spiritualität* beschrieben, äußerst positiv auf euch. Sie verbindet euch mit der Kraft und Liebe der kosmischen Christusenergie, verstärkt euer spirituelles Wachstum und beschützt euch gleichzeitig energetisch. Beim Auflegen eurer Hände auf diese Zahlenreihe könnt ihr vielleicht körperliche oder psychische Empfindungen wahrnehmen.

88445719

Bonus 2: Ein Aufruf des Kosmischen Rates

Liebe Lichtboten der menschlichen Gemeinschaft!

Es sprechen zu euch der Kosmische Rat und der Rat der Weisen, die euch begleiten, euch lieben und jede Zelle eures menschlichen Körpers durchleuchten.

Ihr befindet euch in einer Zeit, die sehr kompliziert ist, einer Zeit, die euch nicht zur Ruhe kommen lässt, und viele von euch erleben Augenblicke, die sie zwingen, über die Grenzen ihrer körperlichen und seelischen Möglichkeiten hinauszugehen. Oft fühlt ihr euch ausgelaugt, und viele von euch sehen kein Licht am Horizont und sind ganz unglücklich. Viele gehen auch bis zum Äußersten – und doch ahnt ihr alle in der Tiefe eurer Seele, dass die Zeit, in der ihr lebt, auf positive Weise außergewöhnlich ist.

Ihr fühlt, dass euch etwas Wunderschönes und Unbeschreibliches erwartet!

In eurer menschlichen Geschichte wurde oft geschrieben, dass ihr euch in einer Zeit der Dunkelheit befindet. Die Dunkelheit befand sich in euren Seelen und um euch herum. Selbst die Menschen in eurer Nähe waren dunkel, und es war schwierig, das Licht, das ihr in euren Herzen getragen habt, der Welt zu zeigen.

Nun habt ihr die Möglichkeit, euer Licht und eure Lebensaufgabe an die Oberfläche zu bringen. Das Licht und die Liebe in euren Herzen!

Licht ist euer Wesen, und mit Licht schafft ihr es, negative Angelegenheiten um euch herum zu durchleuchten und ins Positive zu wandeln.

Licht ist ein Werkzeug, das ihr in euch tragt. Ihr habt es aus der Dimension der Ewigkeit mitgebracht, und ihr habt die Möglichkeit, der Welt zu zeigen, dass Licht und Liebe die stärksten kosmischen Werkzeuge sind!

Vergesst diese grundlegende Wahrheit und grundlegende Essenz nicht! Licht ist das stärkste Bindeglied zwischen eurer irdischen Inkarnation auf diesem Planeten und der Dimension der Ewigkeit, in der ihr euch befandet, bevor ihr auf die Erde herabgekommen seid.

Was für ein einfaches Prinzip hinter allem steckt: Licht zieht Licht an, und Dunkelheit zieht Dunkelheit an …

Wir rufen euch auf, in dieser schwierigen und trotzdem bedeutungsvollen Zeit in euren Herzen und in eurer Mitte zu bleiben.

Diese Zeit, die euch so schwierig vorkommt, ist nur ein weiterer Schritt in Richtung eurer glücklichen Zukunft, in Richtung eurer Verankerung in der fünften Bewusstseinsdimension. Ihr werdet dann feststellen, dass eure Seele mühelos Zugang zum kosmischen Wissen erhält.

Bleibt in eurer Liebe und gebt diese Liebe weiter. Licht und Liebe helfen euch, diese komplizierte Zeit zu überstehen.

Dazu ist es jedoch notwendig, dass ihr das Licht – das *kosmische* Licht, das ihr in euch tragt – *bewusst* in euch und um euch herum verbreitet. Es ist notwendig, dem Licht und der Liebe als den stärksten Frequenzen des Universums zu helfen und sie an weitere Individuen weiterzugeben, an Wesen des Tierreichs und an die Natur eures Planeten. Die dunklen »Elemente«, die sich immer noch auf eurem Planeten befinden, werden keine Kraft haben, sich zu widersetzen, und sie werden keine Kraft haben, sich über eure ganze Erde auszubreiten.

Verbindet euch bewusst mit euren Lichtbegleitern, wie beispielsweise euren Engeln, mit eurer Familie, die sich momentan im Licht befindet, mit eurer kosmischen Familie – und bittet sie, die Intensität der kosmischen Lichtenergie in euch zu verstärken. Ihr werdet erhört werden.

Mit der Verbreitung des kosmischen Lichts auf eurem Planeten bleibt ihr stabiler, es gelingt euch leichter, persönliche und globale Probleme, die euch und die ganze Welt belasten, zu überwinden.

Die Zeit der Dunkelheit wird durch eine lichtvolle Zeit ersetzt. *Jeder von euch* hat dieses lichtvolle Werkzeug zur Verfügung und kann die gesamte positive Frequenz anheben.

Bleibt in euren Herzen, bleibt in eurer Mitte, lasst euch nicht entmutigen und kommt nicht von eurem lichtvollen, vorgesehenen Weg ab.

Eure menschliche Gemeinschaft befindet sich am Höhepunkt einer Zeit, die sich mit Hilfe jedes Einzelnen von euch positiv entwickeln kann.

Findet die nötige Kraft und den Mut in euch und tragt mit eurem Licht zur Rettung eurer menschlichen Gemeinschaft und eures wunderschönen Planeten Erde bei.

Es ist im Grunde sehr einfach, euer Wille genügt.

Ihr dürft niemals vergessen: Licht zieht Licht an und Dunkelheit zieht Dunkelheit an …

Pavlinas Anmerkung

Nach dem Lesen dieser Zeilen habt ihr die Möglichkeit, euch mit euren Lichtwesen und dem Kosmischen Rat zu verbinden. Es reicht ein kleiner Augenblick, und deine Bitte um Anhebung deiner Lichtfrequenz wird erhört.

Bleibt stark, liebe Lichtboten, und lasst uns unserer gemeinsamen Kraft bewusst werden.

Danksagung

Nun haben wir also das Ende des Buches erreicht, und es ist mein großer Wunsch, mich bei allen zu bedanken und ihnen meine Hochachtung auszusprechen.

Ich bin den Lichtwesen, die mich bei der Niederschrift begleitet haben, so unendlich dankbar, dass ich gleich der ganzen Lichtwelt meinen Dank aussprechen möchte! Ich weiß, dass die Wesen der Lichtwelt untereinander verbunden sind. Die Lichtwelt kennt keine Grenzen, und deshalb werden mein Dank und meine tiefe Dankbarkeit sicher von absolut allen gehört.

Was meine irdischen Begleiter betrifft, danke ich vor allem meiner Familie und meinen Liebsten, die mich immerzu motivieren und bei meiner Arbeit unterstützen.

Ich danke auch euch, liebe Leserinnen und Leser, weil ihr den Antrieb und die Kraft in mir erweckt, über Stunden mit Stift und Block in der Hand zu sitzen und diese Botschaften durch mich niederschreiben zu lassen. Ich fühle eure Verbundenheit und Anwesenheit.

Ich danke besonders meiner Tochter Nicole, die dieses Buch von meiner Muttersprache Tschechisch ins Deutsche übersetzt hat und sich beim Übersetzen der Texte von den Plejadern hat führen lassen. Ich finde, dass es ihr wirklich gut gelungen ist.

Und ich danke von ganzem Herzen meinem Verleger Herrn Michael Nagula, der dieses Projekt ans Licht der irdischen Welt gebracht und durch sein Engagement den Lesern die Möglichkeit gegeben hat, ihre Seele und ihren Körper zu durchleuchten und zu heilen.

Jedes einzelne Exemplar dieses Buches ist ein positiv »strahlender« Gegenstand, der Zugang in eure Häuser und eure Herzen finden darf.

Mein Dank gilt außerdem meinen geliebten Eltern, die mich auf diese irdische Welt gebracht haben und mich dadurch meine irdische Aufgabe haben leben lassen – die Aufgabe, Licht und Informationen der Lichtwelt an meine irdischen Wegbegleiter weiterzugeben.

Mit Liebe im Herzen,
Eure

Paulina

Pavlina Klemm

Auf vielfachen Wunsch ...

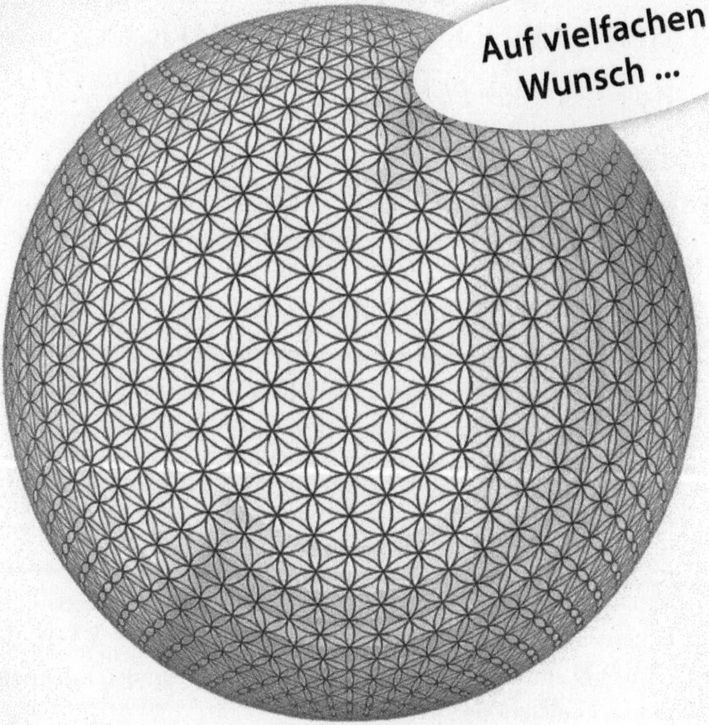

Heilsymbole & Zahlenreihen

Arbeitsbuch der Plejadenheilung

AMRA

→ ...

Pavlina Klemm

HEILSYMBOLE & ZAHLENREIHEN

Arbeitsbuch der Plejadenheilung

AMRA Verlag, ISBN 978-95447-448-6
Hardcover, Glanzeinband, Leseband, 192 Seiten
22 € [D] / 22,70 € [A]; auch als eBook erhältlich!

Immer wieder haben Teilnehmer aus den Workshops, aber auch Leserinnen und Leser der Plejadenbücher danach gefragt. Jetzt dürfen wir sie euch in einem eigens dafür entstandenen Band, dem Arbeitsbuch, endlich vorstellen – die gesammelten Übungen!

Vom Aufbau des lichtvolles Schutzes bis zum Segen für dich selbst und andere, vom Vergebungsritual über die Heilsymbole und Zahlenreihen bis zur Durchlichtung der Chakren, der Kontaktaufnahme mit deiner Familie im Licht und der energetischen Unterstützung des Herzorgans … HEILSYMBOLE & ZAHLENREIHEN enthält das gesamte Arbeitsmaterial aus den bisherigen Plejadenbüchern und Workshops.

Aus dem Vorwort der Plejader …
»Der Geist des Menschen bindet sich an die Synapsen des kosmischen kollektiven Bewusstseins an und erhöht dadurch sein Bewusstsein und sein Wissen. Die kosmischen Lichtimpulse können den menschlichen Geist jetzt endlich heilen und regenerieren.«

Pavlina Klemm über dieses Buch …
»Es ist egal, in welchen Inkarnationen ihr euch früher befandet. Es ist egal, wie viele Gedanken euch in eure Vergangenheit zurückwerfen. Jeder hat die Möglichkeit, seine Realität zum Positiven zu verändern. Wie die Plejader uns mitteilen – Schritt für Schritt.«

Pavlina Klemm wurde im Jahr 1970 in der Tschechischen Republik im Riesengebirge geboren. Als 19-Jährige kam sie nach München, in dessen Nähe sie heute noch lebt und arbeitet. Schon als kleines Kind hatte sie Kontakt zur Lichtwelt, und als junge Erwachsene war ihr absolut klar, welche Richtung ihr Lebensweg nehmen würde. 1999, kurz vor der Zeitenwende, begann sie dann, intensiv mit alternativen Heilmethoden zu arbeiten. Durch die Arbeit mit der heilenden universellen Energie entwickelten sich bei ihr nicht nur heilerische Fähigkeiten, sondern es erhöhte sich auch ihre Anbindung an die Lichtwelt und das Engelreich. Dank dieser Anbindung sieht sie es heute als ihre größte Aufgabe an, Informationen über die universellen Gesetze und kosmischen Entwicklungen weiterzugeben. Das Ergebnis ihrer Channeling-Kontakte mit der plejadischen Zivilisation sind die bisher sieben Bücher und acht CDs der *Lichtbotschaften von den Plejaden* sowie das Arbeitsbuch *Heilsymbole & Zahlenreihen*, zu dem drei neue Workshop-CDs sowie ein Kartenset vorliegen.

Bei ihren Seminaren, die Pavlina regelmäßig überall im deutschsprachigen Raum und in Tschechien abhält, werden die Teilnehmer in der spirituellen Entwicklung ihrer Persönlichkeit stets fürsorglich begleitet. Dabei setzt Pavlina nicht nur ihre Ausbildungen als Lebens-Energie-Beraterin® nach Körbler und Reconnective Healing® Practitioner nach Eric Pearl ein, sondern auch ihre Schulungen durch Andrew Blake in Quantenheilung und als Medium der geistigen Welt durch Doreen Virtue, aber ebenso russische Heiltechniken und anderes. Vor allem aber bildet sie ihre Klienten in plejadischen Heiltechniken aus.

Pavlina widmet sich auch weiterhin dem Schreiben über spirituelle kosmische Gesetze, ihre Komplexität und ihren direkten Einfluss auf unsere menschliche Gesellschaft, denn wie sie selbst sagt: »Das Lehren und Erkennen der universellen Gesetze ist so unendlich wie das Universum selbst. Es bringt Freude, Bewusstwerden, Frieden und Reinheit im Herzen.«

Kontakt:
www.PavlinaKlemm.de

Lebens-Energie-Beraterin® nach Körbler
Reconnective Healing®Practitioner
Alternative Heilmethoden

Liebe spirituelle Freundinnen und Freunde,

als ich in die ersten Zeilen von NO LIMITS! hineingelesen habe, wusste ich sofort, dass dieses Buch den Leser mit seiner Leichtigkeit, seiner humorvollen Art und vor allem mit der tiefen Weisheit der Autorin fesseln wird. Und so ganz nebenbei enthält es auch noch Botschaften von der lichtvollen Gemeinschaft – in diesem Fall den Arcturianern –, die sich in der neunten Bewusstseinsdimension befindet.

Worum geht es den Arcturianern? Wir sollen uns bewusst werden, dass wir unsere eigenen Schöpfer sind. Wir beeinflussen durch unsere Gefühle und Worte nicht nur unsere Realität, sondern das Leben auf allen Ebenen. Und wir, allein wir, tragen die Verantwortung dafür, wie es mit der Erde weitergeht.

Es stehen so viele wundervolle Beispiele in dem Buch, und alle stammen aus dem Alltagsleben. Die Arcturianer geben uns Hinweise, wie wir unser Leben positiv verändern können. Sie lassen keinen Zweifel, dass wir unsere Gefühle, die uns hier auf der Erde beherrschen, positiv nutzen können.

»Eure Gefühle sind die Kraft, die Ereignisse anziehen«, sagen sie. »Durch eure Gefühle seid ihr in Resonanz mit allen Ereignissen gleicher Frequenz. Jeder Zweifel, jede Sorge, jede Grübelei entfernt euch von eurem Ziel.«

Dieses Buch hilft, uns positiv umzuprogrammieren und uns ein irdisches Leben zu erschaffen, wie wir es wirklich möchten und wie wir es uns vorstellen.

Ich wünsche euch allen viel Freude, Vergnügen und Selbsterkenntnis beim Lesen und Immerwiederlesen dieses tiefsinnigen Werks. Was für ein Geschenk!

Eure *Pavlina Klemm*

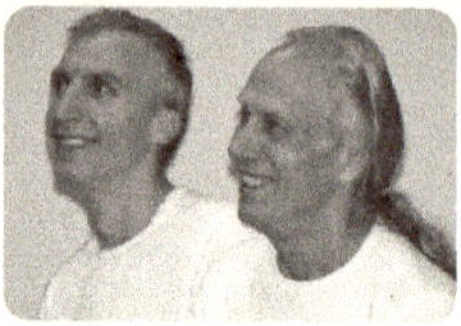

Drunvalo Melchizedek
& Daniel Mitel
Lebe im Licht deines Herzens
Meditative Zugänge in den heiligen Raum
224 Seiten, gebunden, oranges Leseband
€ [D] 19,99 / € [A] 20,60 • ISBN 978-3-95447-343-4

Begib dich in dein Herz. Niemals in der Geschichte der Menschheit war es wichtiger als heute, sich auf die Reise ins Herz einzulassen und aus dem Herzen zu leben. Methoden, die über Jahrtausende hinweg eingesetzt wurden, machen es möglich – auch im emsigen Treiben unserer Zeit und ohne Lehrmeister. Du hast die Macht und die Fähigkeit, überall im Licht deines Herzens zu leben.

Zwei weltweit bekannte Meister der Meditation weisen den Weg.

Gary R. Renard
Als Jesus und Buddha sich kannten
Bericht über zwei mächtige Weggefährten
320 Seiten, gebunden, oranges Leseband
€ (D) 24,99 / € (A) 25,70 • ISBN 978-3-95447-246-8

Die Aufgestiegenen Meister Arten und Pursah sind zurück. Ihr neues Buch ergänzt die ursprüngliche Trilogie, bestehend aus *Die Illusion des Universums*, *Deine unsterbliche Realität* und *Die Liebe vergisst niemanden*. Es erkundet sechs Inkarnationen von Jesus und Buddha, in denen beide gemeinsam lebten. Nie waren Gespräche über die Realität des Lebens dermaßen relevant für die Gegenwart.

»Mehr als ein Buch – ein Portal, ein Transportsystem, ein Umordnen des Geistes. Und lustig ist Gary auch noch!«
– H. Ronald Hulnick

Klangheilungs-CDs von Michael Reimann

Zirbel Drüsen Aktivierung [Binauraler Beat]
Öffnung des Dritten Auges und Stärkung des Lichtkörpers
79 Min.; € [D/A] 19,99 • ISBN 978-3-95447-220-8

Herzkohärenz aufbauen [432 Hertz]
Mentale Leistungsfähigkeit und körpereigene Regeneration
75 Min.; € [D/A] 19,99 • ISBN 978-3-95447-295-6

DNA-Aktivierung [528 Hertz]
Heilung der Zellen durch die Liebesfrequenz – Meditationsanleitung von Jeanne Ruland im Booklet!
80 Min.; € [D/A] 19,99 • ISBN 978-3-95447-347-2

Bekannt als Multi-Instrumentalist, arbeitete Michael Reimann u.a. mit Joachim-Ernst Berendt und Christian Bollmann zusammen. Studienreisen führten ihn nach Bali, Indien und Japan. Seine Aufnahmen sind reiner musikalischer Klang.

Buchauszüge, Hörproben und Gratis-CD auf www.AmraVerlag.de